商売&交渉じょうずな
関西人のヒミツ、丸わかり!

関西人の取扱説明書

千秋育子 著

辰巳出版

関西人の決まり手（大阪場所・千秋楽）

復唱し倒し

せっかちスタスタ歩き寄り

知らない人に話しかけ割り

擬音（祇園）色好み

さすべえと日焼け防備しまくり

二人寄れば漫才始まり

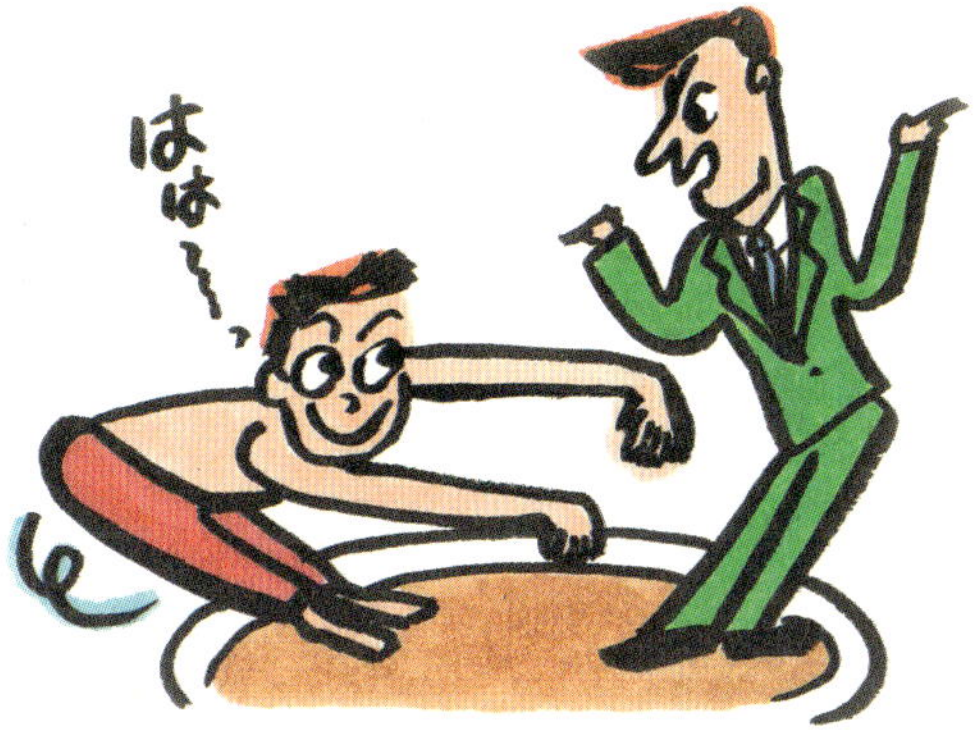

自分を落とし倒し投げ

身振り手振りし倒し

屁を笑いにし倒し

セカンドバッグ腕挟み寄り

並ぶのはムリ出し

飴ちゃん配りまくり寄り

プロローグ

関西人も、関東人も、もっと歩み寄ったらええねん！

ビジネスシーンで焦った！

私は、大阪在住のイラストレーターです。大阪に拠点を置きながらも、東京と大阪を行ったり来たりして仕事をしているうちに、約20年が経ちました。東京にも友人や仕事仲間ができ楽しくやっていますが、今でもたまーに、ええっ！ と驚いてしまう〝感覚のズレ〟や〝認識違い〟があります。

例えば、こんなことがありました。

大阪のA社長と私、東京のBさん、Cさん、Dさん、この5人で初めて打ち合わせをした席でのこと。大阪のA社長も私も、東京の3人とは初対面です。ただ、私がBさんの会社の社長と親しいこともあり、信頼関係も厚いので、最初から包み隠さない会話をしていました。A社

長もそれにのったサービストークで、自分の情熱をおもしろおかしく披露。

A社長「ぶっちゃけて話すとこういう事情でですね、陰でそんなこと言われてると知って腹立ってましてね〜。今回はいてもたろかと思うてるくらいの勢いなんですわ。わっはっは」

B、C、Dさん「……（無言）」

私「いてまうって、物騒なあ〜（笑いながらフォロー）」

Bさん「ははは（笑）」

C、Dさん「……（無言&無視）」

こんなとき、関西人だったらすかさず笑うのに、東京の人はシーンとなることが多く、しかも笑わないから、もしかしてマジに捉えてるのかと、私たちは心配になってしまいました。

その後も、Cさんはひとり正論を通し、おかしいくらい真剣モードで突っ走っているし、Dさんは無反応なまま。このチグハグな空気をどうしたらええもんかと困っていました。

そのときふと、私は山口県の親善大使をしているので、その名刺を渡したら、Cさんのお母様が山口の人で、自分は呉市出身だと余談にな

〈はりつめた空気を一瞬で変える部門〉

り、A社長も呉市出身で、地元の話で大盛り上がり。やっと緊張の糸がほどけました。そしてCさんは正論を貫く姿勢をやめて、こちらの話をもう一度、一から聞き始めてくれたのです。

　私が思うに、かたくなになっていると、考え方もガチガチに凝り固まり、思考が柔軟に働かなくなる気がします。すると相手の気持ちを考える余裕がなくなり、お互い意地を張り合うばかりで、話の突破口も見出せないまま。こんなときに足りないのが、「笑い」なんです。笑い、それはすなわち気持ちのゆとりです。

　関西人のビジネスは、冗談30分商談3分でオッケーと聞きますが、そこまで言わずとも、真面目な話も冗談もできてこそ！　と思ってる人は多いはずです。

ウケてオイシイと思う関西人

　今度は、関西人の感覚がわかる話です。

　先日、知人の60代社長Aさんに、知人Bさんを紹介したら、Bさんの仕事仲間のCさんも来られました。私以外は、全員初対面です。

ハイ
畳に着くくらい毎日頭下げ過ぎでー
おっ頭も床ズレか

A社長　「おまえ、どこの芸人やねん」（←服装と眼鏡がそんな感じ）
Cさん　「すみません、こんなお笑い顔で」
A社長　「顔だけちゃう。おっ、頭も床ズレか」（←若いのに頭が少し薄くなってきてる）
Cさん　「はい、畳に着くくらい毎日頭下げ過ぎで」（←自分からも落とす）
A社長　「わっはっは。これ俺の名刺や、おっと間違えた」と病院の診察券をわざと渡す。
Cさん　「びっくりしますやん」
A社長　「おまえ、仕事何してんねん」
Cさん　「昨日からプー太郎です。ついでに先月離婚もしました。でも実家継ぐんです」
A社長　「コングラッチュレ〜ション。実家は、ほんで何しとんねん」
Cさん　「住之江の競艇場の中のめし屋です」
A社長　「おっ、やるやないか。おまえもボート乗って競艇せえ」と私に振る。
私　「全然関係ないし、意味わからんし！　助け舟だしたな終わらんし」
A社長　「競艇やから助け舟だしたんか、おまえも腕上げたやないか〜」

私「いえ〜い。で、さっきの件やけど」と強引に本題に戻る。

A社長と別れてから、私はCさんに、「あんなこと言われてごめんね〜」と謝ると、「え⁉なんでですか〜？」とCさん。

私「東京の人に、見た目ツッコミは傷つくと言われてから、関西で聞いても気になるねん」

Cさん「え⁉　東京の人はそうなんですか？見た目とか、あーいうことをツッコまれたら、オイシイですやん！」

私「オイシイ！　なるほどーそうくるかあ〜」

関西人の場合、初対面であろうが他人のふところに土足で入り込みまくるという、がさつなところもある一方で、じつは「笑い」というゆとりを持って、一期一会を楽しんでいるのです。

関西人（特に大阪）には「商人の街」という文化がありましたから、人との交渉の中で生きてきた素地があるのでしょう。人が集まれば、そこには笑いや場の良い雰囲気が必要だということを、当たり前にわかっているのです。逆に関東の人には、そういった意識が薄いということに、私は気づき始めました。

関西人と関東人、互いにいいとこ取り!

もともと私は、関西にいたときから、関東(東京)に憧れていました。

関西人でありながら、関西人のしゃべりはキツいなぁ〜と感じることもあった私は、東京が良く見えていたのだと思います。そして実際にふれてみてわかったことは、関東人には、相手を傷つけないことを一番に気遣う紳士淑女が多く、マナーやルールをきちんと守る上品な優しさがあること。

一方、関西人は、笑いや場の空気を大事にし、おもしろいことを見つけたり、生み出したりする心のゆとりがあります。人懐っこさや厚かましさ、世話焼きな面もあるけれど、それは人に対する強い関心と、一緒に楽しもうという優しさだったりします。私はそのどちらにもふれて、人との付き合い方が幅広くなった気がしています。

そんな折り、東京の編集者から、「関西人の明るさ、人を楽しませる力、場を盛り上げる力、頭の回転の速さ、会話のうまさを身につけるコツを教えてほしい」と依頼がありました。なんでも彼女は、昨今のお笑いブームで関西芸人さんをテレビでよく見るようになり、「関西人は関東の人にはない能力を持っている! 関西人は人生を楽しむコツを知っているのではないか?」と思ったそうなのです。たしかに、私がフツーに話す、ごく身近な友人たちの話も、おもしろいと言って聞いてくれます。ところが彼女をはじめ、東京の友人たちは、自分で話や場の空気をおもしろくすることが上手ではないと言うのです。だから関西人から笑いのコツや術を知りたい、と。

そうして、関西人の物の見方、言葉の返し方などをアレコレ話しているうちに、東京の人とずいぶん考え方の違うところがあるとわかってきました。しかも、お互いに追求しあうこともないので、双方が違ったニュアンスで理解していたり、誤解したままだったりということも多い。

そこでこの本では、関西人と関東人では捉え方が違うなーということを具体的にピックアップし、「関西人に対してはこうしたほうがいい」と思うことを書いてみました。関西と関東、もちろんどちらもいいところがあるわけで、欲を言えば両方の良さを使いこなせるようになれば、コミュニケーションの達人になれそうな気がしませんか? 「わかりあえない」と決めつける前に、仲良くなるためのきっかけに使ってもらえたら嬉しいです。

※本書に出てくる「関西人」「関東人」という表現は厳密なものではありません。著者の生活圏が大阪なので、大阪の話が多くなっていることを、どうかご了承ください。「関東人」は、「活動拠点が東京にある人」を指しています。

目次

第1章

関西人って、どんな人？

関西人魂を持っているかぁ〜？

あなたの中の〝関西人度〟チェック

まずは、「関西人って、どんな人？」ということを知るためにも、独断的な口コミ調査による「関西人の傾向」を左のチェック項目にしてみました。そもそも関西人は、関西人である自分を気に入っている場合が多いので、「このチェックがナンボのもんやねん！」と怒られそうですが、別に定義ではないので、楽しんでトライしてみてください。「そうや、そうや」と思う項目があるほど、関西人と気が合う確率が高くなります。元来の関西人でない人も、当てはまる項目が多かったら、「やっぱ関西人気質やねん」と、あきらめがつくかもしれません（いや、あきらめって冗談やでぇ）。ビバ関西！

- □ **1　心の中でよく「なんでやねん」とツッコんでいる**
- □ **2　怒り出すと関西弁が出る**
- □ **3　心に笑いの師匠あり（素人、プロ問わず）**

1　じつはこれ、なかなか使い道の多いお役立ち言葉である。例えば、腹が立つ相手に「なんでやねん、その帽子」と全然関係ないことをつぶやき、真の怒りをおさめることもできる。

2　関東で標準語生活をしてる関西人も、感情が高ぶるとホンマの自分が出るっちゅうことやろなあ。ぼやき時にも出る傾向あり。

3　売れてる売れてないに関係なくリスペクト。私は火葬のとき、自分の棺に花火を仕込んだと言われている十返舎一九のマインドが好き。

□ 4 やっぱり粉モンが好き

□ 5 おもしろがり

□ 6 店員さんをからかってしまうことがある

□ 7 タクシーの運転手に話しかけることが多い

□ 8 美容院で「かゆいところはありませんか」と言われると「右の首らへん（首の辺り）」と、躊躇なく言える

□ 9 オカンの話をよくする

□ 10 「はよ、行かな」と思うことが多い

□ 11 優先座席が空いてたら、座ってしまう

□ 12 男性はセカンドバッグを、女性はブランドショップの紙袋を持つことがある

4
においが服につくねんな〜。でも今日の服はかまへんでえ。お好み焼きに青のりも七味もかける派？　通やったらコテで食べんとあかんわぁ。お寿司も通は手で食べるやろ〜。

5
何気ないことでも、おもしろく捉えて楽しんだほうがお得やん。どんなときでも自分でおもしろいと感じる余裕を持ち、それを見つけて、報告できる相手がいるのは幸せなことである。

6
店員さんの反応を見て、「まだまだやな」と思ったり、何回もからかってしまったりする。

7
私は運転手に機嫌よく走ってもらいたい気遣いもあってよくしゃべる。飴ちゃんをくれる運転手もいる。元世界チャンピオンの井岡弘樹の「井岡シール」が貼られているのもよく見る。

8
「足」とか「左肩」とかは、まだよ〜ゆわんわ。でも、普段は人に「背中かいて」と言って、「右、もっと上、下に下がる、ちょっと左、そこそこそこ！　ひー」と言って、そのへんの人をこき使い「ありがとう、もうええわ」と言う。

9
最近オカンがメール覚えて、よぉ来んねんけど誤字脱字多い〜（嬉しそう）。うちのオカンなんか、この間カラスに追いかけられて骨折しとったわ（嬉しそう）。おまえのオカン、昔パンチに近いパーマしてへんかったか？（嬉しそう）

10
東京ディズニーリゾートで「はよ行かなー」と走ってるのは、たいてい関西人。とにかく、なんでも、はよせな怒られる中で育ったし〜。

11
誰か来たら、立ったらええやろ。でも奥のほうに座っとこ、と思ったりする自分がいる。東京で空いたままの優先座席を見ると驚く。

12
えー、紙袋持ったら、東京では恥ずかしいのーん？　なんでなんで？　リサイクルやん。セカンドバッグの何があかんねん。便利やないか。

□ 13 どんなにおいも反射的に「くさっ」と言う

□ 14 地元大好き

□ 15 あっつー、さっぶーとすぐに言う

□ 16 くしゃみをした後、大声で「ちくしょお〜う、え〜い」など、何か叫ぶ

□ 17 「たこ焼きを作るときの液体の生地の薄さ」という言い方で、液状の度合いがわかる

□ 18 パン好き

□ 19 冬は日本海蟹ツアーに行く（♪蟹食べ行こう〜）

□ 20 「大スポ」が、東京では「東スポ」と今知った

□ 21 たかじんの味方だ

13
「くさっ！　おまえ今、屁えこいたやろ！」「すまん」と認める人も多い。女性も何かとにおいを感じると瞬間的に口にする人が多い。においの話題が、関東より断然多い。

14
「うちの地元にあるなんたらが…」と細かい話をよくする。

15
東京で「さむい」と訂正されても、気がついたら「ぶ」になってしまう。さぶいぼ（鳥肌）は、関東では言わないらしい。

16
「はっくしょ〜い、んにゃんにゃんにゃ」と独り言を言ったりして、くしゃみさえ楽しむ。

17
陶器の釉薬を塗るときにも、液体のとろとろ加減を、この目安で言われた経験あり。

18
関西人だからと言って、自分が特にパン好きと思ってる人はかなり少ないと思うが、なんと！京都の人も含めて関東の人よりよく食べているらしい。意外！

19
蟹ツアーに行き、「今年はもう蟹ええわ〜」と偉そうなことを言う。どこの地方に行ったかで、蟹談義や自慢大会が始まる。

20
深く考えたこともなかったが、そりゃそうだ。ちなみに「夕刊フジ」の一面のデザインが違う。関西は派手なデザイン。

21
やしきたかじんのことを詳しく話す男性が多いと思ったら、よく番組を見ているのだった。

□ **22** 気に入らなかったらクレームは一応言う

□ **23** 「お疲れさま」と言われて「疲れてない」と言ったことがある

□ **24** 声がハスキーになってきた

□ **25** もんじゃ焼きを食べたことがない

□ **26** しゃべりながら、自分でも笑ってしまう

□ **27** 身振り手振りなしでは、説明できない

□ **28** 共通の人にだけわかるモノマネができる

□ **29** 基本的に話が長い（と言われる）

□ **30** トイレットペーパーはシングル、食パンは５枚切りを買う

22 おかしいと思うことがあれば、すぐに確認する。関東人のように「別にもういいじゃない（そこまで言わなくても…）」などとスルーしない。

23 同じく「トイレ貸して」「おしょうゆ貸して～」というと「返してや～」とたまに言われることがある。

24 しゃべり過ぎなのか、酒やけなのか。がーっとか、どばーっとか濁音の使用過多やからか。

25 これ、案外多い。嫌いな人も多い。ちんたら食べてられへんらしい。私は好きだというと、頼まれて友人宅で作り方を披露することになり、小さいコテを買っていき、棒アイスのように口の中で引っ張って食べてたらコテがピッタリ上口にはまり、15分くらい抜けなくなったことがある。焦った～。

26 「笑いながら言うし、何ゆうてるか、わっからへん」とよく言われる。

27 それだけではなく、テーブルの上にある物を使って「これがAさんだとしたら、こっちのBさんが～」などと説明し始める。コップは主人公。

28 誰々がこう言ってたという説明ではなくて、その人の口調で、言ってたことを再現する。

29 「話長いねん！」と言う本人も、じつは話長い。

30 トイレットペーパーのダブルを使う割合は、関東で67・1％、近畿が43・9％という調査結果がある（クリーンネットサービス株式会社による「第３回トイレットペーパーによる意識調査」より）。食パンは、山崎製パンによる自社の食パン調査によると、５枚切りを買う割合は、静岡を境に西で48・９％、東は０・３％と、圧倒的に西が多かった（２００７年山崎製パン調べ）。

関西人と仲良くなりたいかぁ～？

〝関西人苦手意識度〟チェック

ビバ関西！　と自分では思っていても、関西を離れてみると、何かの拍子に人から「関西人って…こうだよね」という不愉快なレッテルを貼られることがあります。「なんでやねん！　自分ら（あなたたち）のほうがおかしいで！」と思っても、土地が変わればジョーシキも変わるもの。関西人からしたら当たり前のことが、関東人には不評だったり、不愉快だったり…ということもあるのです。そんなわけで、次の項目で当てはまる数が多いほど「アンチ関西人」の傾向あり。せやけど、ええとこもわかったってぇなあ。今までは、接し方が間違ってただけやったかもしれへんやん？　これを機に、関西人とも仲よぉなり。あなたもラテン系の道を一緒に歩もうでは、あーりませんか～！

□ **1　関西出身と聞くと「オモロい人かなぁ」と期待してしまう**

□ **2　一方で、「けっこうキツいこと言われる？」と少し不安も**

□ **3　でも、楽しませてくれたらいいなぁ**

1　そんなんプレッシャー感じるわ～。どないしよー。自分でおもしろくないと思ってる人や寡黙な人もいるから過度な期待はあかんやろ～。

2　キツく言ってるつもりはないことが多いから、気にしなくていいでしょう。それより、関西弁のほうが、やんわりとキツいことを言いやすいから、読み取る力をつけることが大切かも。

3　もともとサービス精神旺盛なんで張り切るかもしれへんけど、それは相手次第。うまいことのせてー。

□ **4 デリカシーのない人だったらイヤだな**

□ **5 関西人は声が大きいので、まわりの目が気になる**

□ **6 関西人って、怒ると怖そう。怒らせないようにしないと**

□ **7 顔は笑顔でも、関西人ってやっぱり、本心では関東のことをよく思っていないんだろうな**

□ **8 関西人にボケられたとき、どう返していいか困る**

□ **9 関西人にツッコまれたとき、言葉に詰まってしまう**

□ **10 関西人との会話では、オーバーなリアクションをしなくちゃいけないのか…と思うと、疲れる**

□ **11 関西人と聞くと、お金に細かい人なのかなと、気になる**

□ **12 関西人には敬語を使わずに、慣れ慣れしくしたほうがいいのかと悩む**

4　デリカシーは基本的にあまりないと思っておきましょう。でも、最初からそう思って接すると、じつはそんなに感じないかも。

5　身内だけで盛り上がるのは、まわりに悪いというニュアンスを伝え、笑顔で「お静かに～」と言えば、ちゃんということ聞きまっせー。

6　口で怒ってる分には、さほど怖くない～。沸騰しやすいけど、冷めやすいので、ご安心を！

7　おおーっと！　そう思うのは、知らないからできた心の壁があるせい。歩み寄れば誤解はなくなるはず。逆にすごく仲良くなるかも。

8　困られると、こっちだって困るや～ん。ボケられて返せないときは笑っておきましょ。第５章で詳しく説明しているので、見てみてください。

9　あれは、習慣やし（だから普段の練習が必要）、慣れてないと言葉に詰まるよね～。関西人に合わせる必要もなく、瞬時に言葉を返せなくて当たり前と思って気楽に～。同じく第５章で詳しく説明しています。

10　私たちはふだんからオーバーな表現の中で生きてるので、せめて同じくらいオーバーな反応がないと、楽しんでくれてるか心配になるや～ん。

11　細かいとかではなくて、お金のことをきちんと口に出して言ってるだけなので、気になさらずに！

12　そのタイミングが、関西人同士でも難しいところ。でも、いつまでたってもフランクになれないのは、悲しいや～ん！

それは誤解ではないのかぁ〜？

関東人、関西人、互いが抱いているイメージ調査

関東人に聞きました！

Q1 関西人とコミュニケーションを取る場合、気後れすること、気になることはありますか？

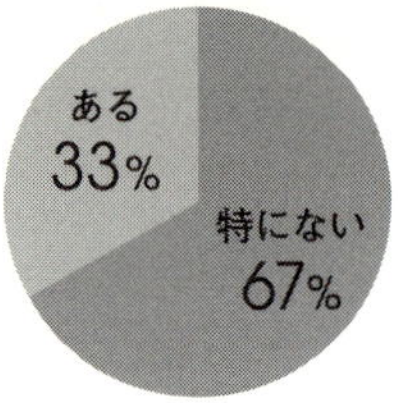

●その他のコメント
- なるべくツッコまなければ…というプレッシャーを感じてしまう。
- タイミングが違うのではないか。
- 噛み合わないことがないか。
- デリカシーのある人かない人か。

Q2 関西人とわかると、接し方を変えていますか？

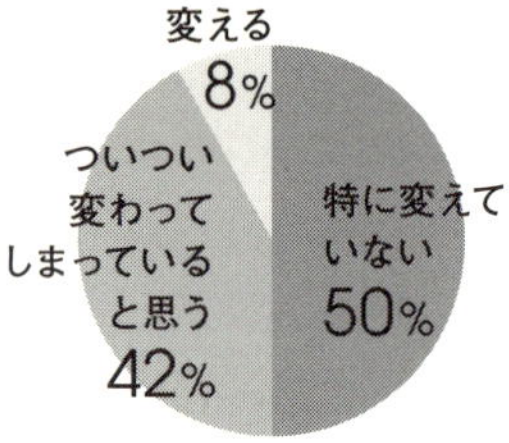

●その他のコメント
- せっかちな人が多いので、こちらもせっかちになってしまう。
- テンションをアゲ気味に。
- タメ語にする。敬語を使うと、何気取ってんのと思われそうなので。

Q3 関西人とのエピソード

●飲み会で

関西人の男性がトイレに行ったとき、他の人たちが彼のワインに調味料や食べ物と一緒に彼が置いていったメガネを入れた。トイレから戻った彼は、何も言わずにメガネをワイングラスから取り出し、いったん顔にかけ、ワインを飲み干してからようやくツッコミを入れたことにビックリ。(20代　女性)

●立食パーティーで

パスタをいただこうと、お皿を手に列に並んでいたら、関西人の男性が「何食べてるの？」と声をかけてきました。「パスタです」と答えたら、すかさず「まだ、食べてないやん！」とのツッコミ。言葉を失いました。(30代　女性)

●クラブで

学生時代に関西人の女性とクラブへ行ったときのこと。お金持ち風の男性が妙に私たちのことを気に入ってくれて、ワインやシャンパンを次々にごちそうしてくれました。学生で貧乏だったので、ここぞとばかりに飲んでいたら、案の定２人ともグデングデンに酔っぱらい、帰りの電車に乗れず、駅員室で２人してゴミ袋にリバースし続ける結果に…。そのとき、私はとても反省したのですが、彼女は「タダやったし、ええやん」とひとこと。価値観が違うと感じました。(20代　女性)

関西人に聞きました！

Q1　関東人の「こら、あかんわ」と思うところは？

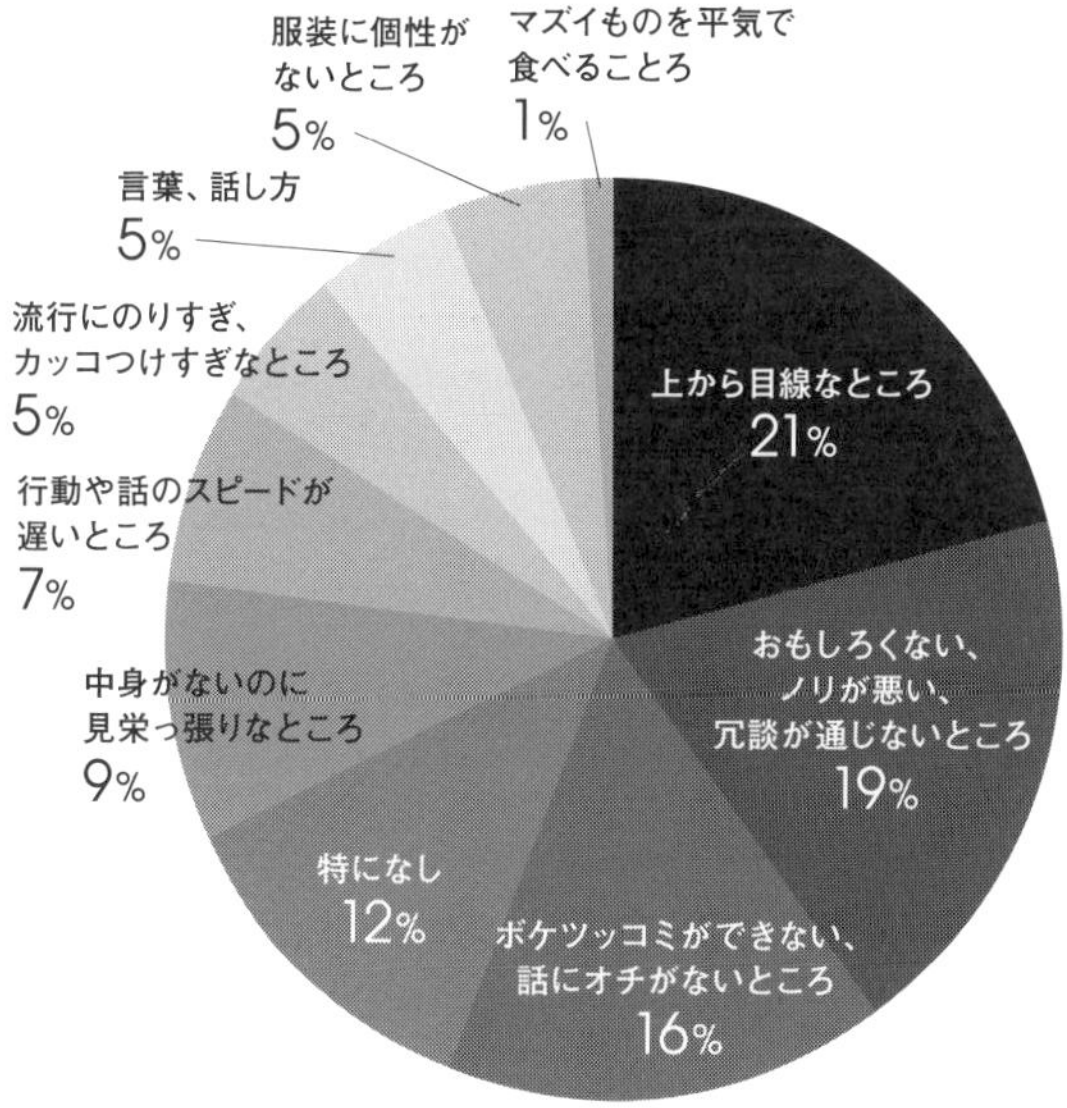

Q2　東京の人とのギャップを感じたこととは？

・ノリでしょうな〜。
・安いものを自慢しないこと。
・自分の失敗で笑いをとろうとすると結構ひかれること。
・自分からボケないし、汚れ役にならないこと。
・吉本新喜劇が理解してもらえないこと。

Q3　これから関東人と会うとなったら、どんなことを思いますか？そして、どんなことを警戒しますか？

・ええかっこしぃの人でなければいいなぁ。
・あんまり早口でしゃべったらあかんわ〜と自制する。
・冗談通用せんやろな、ボケは慎もう。
・おしゃれな格好せなあかんかな〜？　話、おもしろいかな〜？
・関西弁を崩されないよう、関西人としてなめられないよう気合いを入れる。

調査対象／70人。著者のメールアンケートによる。

いかがでしたか？　実際は、「その人」の人間性が大事なんであって、関東人、関西人で、ひと括りにはできない！　いや、してはいけない！　というのが私の本音です。しか～し、案外、面と向かっては言わないけれど、心に思ってることや、気にしてることがあるもんだなと、気づくきっかけになってもらえたら…と思うのです。

誰だって初対面では、多少は警戒したり、探り合ったりするもの。本当の自分を見せていないことも多いです。そんなときに悪しき先入観やイメージを持っていると、印象はなかなか良くならないもの。さらに、「地域によるジョーシキの違い」が加わると、「この人、理解でけへん」と決めつけてしまって、苦手～と思い込んで、仲よぉなれへんかったりしたら、そんなんあほらしいや～ん。もったいないし！　悲し過ぎです。

未知な人種のほうが、わかり合えたときに、ほほ～っと発見も大きなるし、じつはものすご～く相性が良かったりしたら嬉しくないですか。例えば、早起きして止まってるボールを打つなんて何がオモロいのんかわからん！　とゴルフをバカにしてた人が、急にはまってしまったというような人間関係もあるやもしれません。そこで第2章からは、

関西人とのコミュニケーション術をお届けします。

「その人」の良さがわかる前に、ジョーシキの違いにとまどって、警戒して、コミュニケーションが途絶えてしまいませんように…。

知っておくと便利なことばかりです！

第2章
関西人とのコミュニケーション
基本編

関西人と約束をするとき、注意すべきこととは？

気楽な仲間との食事会。あなたは少し遅刻しそうです…

東京A男：(心の声)
7時45分に赤坂のレストランか…。やばい、もう間に合わないや！ ま、でも今日は、仕事とは関係のない気軽なメンバーだし、少しくらい遅れてもいいよな？ でも、電話だけは入れておくことにするか。

そこで、クエスチョン！

Q1

さて、「遅れる」ことを伝えるため、電話をかけることにしたあなた。約束の相手（関西人）に何と言いますか？

約束していて、どうしても遅刻してしまうことがあります。例えば、気の置けない仲間たちとの食事会。後で電話をするつもりだったけれど急ぎでもないし…と思ってゆっくりしていたら、「まだか〜」「どないなっとんねん。待ってんねんけど」と催促の電話が。そう、関西人は「イラチ」な人が多いのです。そこで注意すべきこととは？

KANSAI POINT!

関西人との約束では、「時間」を具体的に言うこと！

「15分で着きます」「10分後に折り返しお電話します」。

当たり前のことだと思うかもしれませんが、関東と関西では、「待つ」ことに対する感覚が違うのです。

たとえプライベートの集まりで、自分を待っているとは思えない状況でも、「あと、どれくらい？」と聞かれます。ところが、時間を聞かれて慌てて駆けつけてみると、誰も気にかけてくれない…なんてこともよくあります。

私の感覚では、相手に電話をかけ直してもらうときも、関西では「何分後にこちらから電話します」と相手が言いますが、東京では「で、何分後にかけてきてくれんの？」とこっちが聞かないと、時間を言ってくれない印象があります。

ちなみに私は、相手に「あとどれくらいかかるか、わかりません」と言われたら、「じゃあ、時間がわかり次第、電話ください」と言い、再度その人から電話してもらうこともあります。

見方を変えれば、関西人は、時間さえ聞けば安心するので、とにかく時間は具体的に伝えたほうがいいでしょう。たとえ時間がかかっても、気にせず言えば、「はよしてや～」と言われるだけです。

Q１の答え

「ごめん。30分くらい遅れそうなんだけど…」では到着時刻がわからないので不十分。ベストアンサーは、「１時間くらい遅れそうなんだけど…」と早めに１本電話をしておき、到着時間が見えたら「今、○○にいて、タクシーで飛ばしてるんだけど、30分はかかりそうなんだよね（急いでいる様子を伝える）。８時30分には着くと思うから、悪いけど先に始めてて」ですね！

関西人とのコミュニケーション・基本編2

なんだか具合が悪そう…。そんな関西人にかける言葉とは？

仕事の打ち合わせで。
相手の関西人は、体調が悪そうです…

関西B男：（東京A男の顔を見て第一声）じつは今日、風邪ひいてまんねん。すんまへんな〜。鼻ズルッズルで、咳が出るかもしれへんけど。

東京A男：（心の声）たしかに、つらそうだな。声も変わっちゃってるし…。

そこで、クエスチョン！

Q2

さてあなたなら、この相手に、なんと声をかけるでしょうか？

親しい関西出身の友人の顔色が悪かったとき、風邪をひいているとき。また、ご親戚に不幸があったなど、精神的なダメージを受けているようなとき。東京ではよく「平気？」と声をかけていませんか？

でも関西の人には、こう言いましょう。

KANSAI POINT!

「大丈夫ですか？」

なぜなら、関西人は「平気？」という言葉をあまり使わないからです。そのせいか、「平気？」と言われると、「平気なわけないやろ！」と、ちょっとビックリするひと言を返されることもあります。言葉の捉え方の違いでしょう。「平気？」は、心配しているように聞こえないというか、軽く聞こえてしまうのです。

実際、私も東京で具合が悪くなり、東京の友人に「平気？」と聞かれて、最初の頃は「大丈夫、大丈夫」と答えつつも、心の中では「平気ちゃう～」と思っていました。震災のときも「平気？」と聞かれる度に、「平気ではないやろー」と思ったものです。

ちなみに京都の知人が経営している病院では、「大丈夫ですか？」ではなく、「どうされましたか？」と聞くことになってるそうで、深刻な状況に陥っているようだったり、見知らぬ人が具合悪そうにしていたりしたら、「平気？」よりは、少なくとも「どうされました？」と聞くようにしましょう。親切度は天と地ほどの差がありますから。

Q２の答え

「大丈夫ですか？　お声も変わっていつもより色っぽいですが…」と、心配しながらもギャグを挟むのが、上級者！　「どうされたんですか。大丈夫ですか？　○○さんでも風邪をひかれるということは、よっぽど今年はきつい風邪なんですね。一体、何型にやられたんですか？」と聞けば、関西人は、「ハワイ型や」とか「クワガタや」などとボケてくれはることでしょう。

関西人とのコミュニケーション・基本編3

関西女性が誇らしげに、「これ、いくらやったと思う〜？」と言ってきたら？

関西人の女友達が、さりげなく安さ自慢をしてきました…。

東京A子：そのネックレスかわいいね。どこの？

関西B美：ありがとう。そんなあ、ノンブランドやでぇ。安ものやし恥ずかしいわあ（相手が東京の人なので、安さを自慢せずに、謙遜している）。

そこで、クエスチョン！

Q3

さて、あなたならこのあと、何と答えますか？

関西の人（特に大阪人）は、老若男女問わず「これナンボやったと思う〜？」とクイズ形式で、値段を聞いてくることが多いです。そんなときは、ちょっと高めの値段を答えるのがお約束。それを受けて相手が、「なんと〇円！　安いやろ！」と安さを自慢してきたら、すかさずこう返しましょう。

KANSAI POINT!

「やす～う！　見えへん！」

このとき、大げさに驚きの声を上げるのは必須。いや、マナーです。さらに、かぶせ気味に「ええ買いもんしたな～」と言うのはもちろん、女性に対しては、

「○○ちゃんが持ってたら（着てたら）、たこう（高く）見えるわ～」

と深く感心して言うと、最高の賞賛になります。

関西人の安いモノ自慢は、ただ単に安ければいいのではなく、値切った達成感もあれば、価値あるものをいかに安く手に入れたかという、「自分の判断と行動による手柄」を主張したいのです。東京の人が思うように、「安いものを身につけている＝安もんの女」と思われるのでは…という心配や恥ずかしさは、少しもありません。

ちなみに私は、あるブランドのセールで、８万円のコートが２万円になっているのを発見。レジに行ったら、なんと２０００円の見間違いで、久々の大ヒット。この手柄を友人に自慢したら、「私のスカート、古着で５００円！」と返され、負けたわ～と降参すると、「ところがどっこい、買ってすぐクリーニングに出したら、１５００円もかかってもーたわ」とのオチで２人で大笑いでした。東京では聞かない、典型的な関西人の会話ですね。

Q３の答え

「安ものとか言っちゃって、ほんとにぃ？　つける人によって違って見えるよね。高く見える～。○万円くらいに見えるよー」と、相手の格より少し上の金額を挙げるのがベター。さらに、「お買い物じょうずな上に、○○ちゃんがつけてると何でも高く見える～。高ければいいってわけじゃないもんね、さっすがー」と、相手のやりくり上手も評価すると良いでしょう。

関西のおっさんへの効果的な話し方とは？

プライベートでもビジネスシーンでも、関西のおっさんに一生懸命話をしてるのに、黙ってられへんのかこいつ！　と思うほど話の途中で「で？　で？」と連発されることがあります。これは、あなたの話がおもしろくないか、または飽きてきた証拠です。そんなときは、すぐに察してこう言いましょう。

KANSAI POINT!

「結論を先に言いますと！」

これは話の種類にもよりますが、相手との会話を楽しみたいのではなく、今、どうしても伝えたい要点がある、聞いてほしい話がある、というときは、結論から話さなければいけません。これは関西のおばちゃんに対しても同じで、「で、なんやねん」と言われてからでは、雰囲気が悪くなってしまうのです。

結論を最後に持っていくと、「なんや、最初っから、そう言うてーや」「最初からそない言うてくれたらよかってんやん。時間の無駄やわあ」と説教されることも。私もよく熱弁をふるってるつもりが「ほんで？　それはわかったから、どないしてほしいんや」

関西のおっさんを惹きつけるには？

集中力がなくなり、おっさんおばちゃんたちが違うことに気をとられ始めたら、「ということでっ」と、でかい声で言うと、「おっ、そこは聞いたらんとな。肝心なとこやな」と思うようで、話を聞いてくれるようになる。ただし、基本的に彼らは、笑いのない話を聞き続ける集中力は短いと思うべし。また、長い無駄話を聞かされて、そろそろ席を立ちたいときも、このフレーズはとっても効果的〜。

とか、「で？　なんやねんな～、何を言いたいんや」「で、説明終わったんか？」と途中で話を止められることがあります。親しい相手なら、「待って！　あと2分で終わる」と粘ることもできますが、とにかく関西のおっさんは、話の長いのが、ひっじょーにお嫌い。おばちゃんの場合は、「ほんで？」「ほんでほんで？」「ほんで、どやの」とだんだんツッコミタイムの間隔が早くなり、こちらも早口になって、結局、強引に話を終了させられます。

ぶしつけな質問をしてくる関西人へのうまい返し方は？

関西人に限ったことではないのですが、「そんなこと聞くかー？」ということを聞かれ、返答に困ることがあります。例えば、「今、彼氏おんのん？　年上？　年下？」など、人に言いたくないことを平然と聞いてくる人。それも初対面のときや大勢の前で！　そういうことを気兼ねなく、堂々と聞いてくるのは、やはり関西人に多いようです。

そんなときは、

KANSAI POINT!

その人にも同じ質問を返せばいいでしょう！

というのも、聞いてくる本人は、何も気まずいことを聞いている意識がないのです。自分が答えることに何のためらいもないから聞けるわけで、その辺が関西人の素直で人なつっこいところでもあるし、一歩間違えればデリカシーがないと言われるゆえんでしょう。

そこで、ええー！　なんちゅうこと聞くねん！　と思ったときは、「え？　じゃあ、Aさんは奥さん以外に彼女いるんですか？」などと返し、「それは言われへんな～」と

関西人のデリカシー

「いやぁ～、綺麗な女性を目の前にしてごはん食べられるっちゅーのんは、男にとってこんな幸せなことはないで～。もっとよう見えるように眼鏡とって食べよ～」と言って、男性の友だちが眼鏡をおでこにのせるという、言葉とは正反対の動作でボケ始めたら、とうとうこいつもおっさんの仲間入りだな～と確信する。同時に「どういうことよお」といちいち反応してあげる私は、我ながらかわいい。フンと鼻で笑うようになると、おばちゃんの始まりであーる。

言われたら、「じゃあ、私だって言えないですよ～」の返しで終了にしてオッケー。話の矛先を相手に持っていき次々に質問して長引かせ、話をすり替え、いつの間にか忘れさせるという手です。

もし、相手が答えたがらないそぶりを見せたら、「でしょ？　こっちも答えにくいっちゅーねん」と返せばいいのです。

関西人は、「まあ、ええやん」「ええから、ええから」という言葉もよく使うように、その場のいい空気を壊すのを嫌います。ですから、「失礼です！」などと真っ向から怒ったりせず、笑いながらツッコむ、くらいのほうが好感を持たれるでしょう。

関西人とのコミュニケーション・基本編6

店員にクレームを言っている関西人の気持ちを、うまくなだめるには？

関西人は、男性であれ女性であれ、お店などに対して納得のいかないことがあると、すぐにあれこれ言います。クレームを言ったあとも一人でブツブツ文句を言っている人がいて、はたから見ると険悪なムードをまき散らしているようで、ハラハラします。でも、だからといって、相手に次の言葉をぶつけてはいけません。

KANSAI POINT!

「もういいじゃん！」こう言われると関西人は、裏切られた気持ちになってしまうのです。

これを言われた関西人の感覚としては、まるでその人が文句を言っているのが悪いと、自分が責められているかのように捉えてしまうのです。これでは、火に油を注ぐことになるので要注意。喧嘩を止めに入ると余計にヒートアップしてしまうのと同じように、いきなり正面からその人を止めに入るのは逆効果です。

こういうときは、相手に言い聞かせるのではなく、むしろ味方をしてしまいましょう。というのも、本人にとっては別に怒っているというわけでなく、納得いかないことを

クレームを言う関西人

映画館でカップルが笑い過ぎでうるさいと横の男性が文句を言って喧嘩になった。すると前の席にいた私の知人は「じゃかあしい！」とその3人を一喝。関西人はみんな言いたいことを言う。そういえば私も、バレエを観に行って、前の席の人が興奮して前のめりに見るので舞台が見にくく、肩を叩いて注意したことがある。私の友人は、お芝居で前に座った大柄の女性に「小さくなってください」とメモを渡したら無視されたと憤慨していた。そらそやろ！

うやむやにせず、納得いくまで話をしたいだけなのです。ですから、いったん味方を得て言いたいことを言えば、自然に気持ちもおさまってきます。

ただし、感情が高ぶっていることは確かなので、引き際がわからなくなっている可能性も…。そんなときは茶目っ気たっぷりに、相手の顔をのぞき込んでひと言、「怒ってんのん？」と優しく言ってみましょう。こうすると、別に怒ってるわけではない、と冷静さを取り戻します。いったん冷静になれると、「もう十分じゃない？」という、こちらのメッセージも汲み取れるようになります。

もし相手から、「怒ってるよ！」という返答が来たら、こちらに納得いかない理由を述べ始めますから、「わかるわかる。代わりに言ってきてあげるからさ、まーまーとりあえず食べよう」などと言って、話の矛先を変えるといいでしょう。

関東の人は「もういいじゃん」とよく言う印象があるので、「じゃん」という言葉が基本的に嫌いな関西人には、「じゃんじゃんばかり言うて、お前はジャンジャン横丁か！」と怒鳴られますよ。

関西人とのコミュニケーション・基本編7

ところで「関西のこと」をどう呼んでいますか？

東京で仕事をしている人は、関東以外の土地のことを、「地方」と言うときがあります。

どうやら、東京からすると、他の土地はどこもかしこも「地方」という扱いらしいのですが、その認識は改めたほうが賢明です。というより、

KANSAI POINT!

関西のことは、口が裂けても「地方」と言ってはいけません！

なぜなら、関東の人は、地方という言葉を、「田舎」という意味で使っているわけではなく、首都以外の地域という意味で使っているだけなのかもしれませんが、関西では、地方という言葉をあまり使うことがないので、「えっ？ 田舎者扱いされてる!?」と思ってしまうからです。

大阪の人も、神戸の人も、まして京都の人なんて、「正式な遷都はしてへんから」と言うて待ってはんねんで～。それを地方やなんて…。それはあかんわあ～（涙）。

関西では、たいてい関東とか名古屋などに行くとき以外を「地方へ行く」と言うので、

関西人が嫌う言葉は？

他に関西人がムッとする地雷ワードは、「ウケる～」「超ウケるんだけど～」という尻上がりな音程の言葉。人を小馬鹿にしてるようにしか聞こえへん！ 上から目線で評価されてるような気がして、感じ悪いと思っている関西人は多いはず。あと、「ヤバくね？」もそうで、「おまえが勝手にヤバく思っとけー！」といちいち叫びたくなる。たぶん、けだるそうな雰囲気が気にくわへんねんな～。

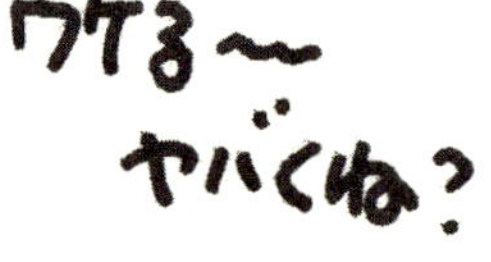

「地方」という言葉には、なんとな～く、田舎とか遠いところ、というイメージがあるのです。東京の人が何の気なしによく使うので、私も今では、そういう意味で使っているわけじゃないと理解していますが、何とも思わなくなるまでには、少し時間がかかりました。

ずっと前の出来事ですが、大阪で一緒に食事をしていた東京の男友達のケータイに電話がかかってきて、彼が「今、地方に出張中なんだよ～」と言ってるのを聞いたときは、「関西大好き～といつも言ってるけど、本音は地方（田舎）と思って、見下してるんや～。ショック！」と心の中で思ったものです。

でも、ローカルと言われれば、テレビもそうだし、心のどこかでローカルだということを納得してはいるので、おそらく「地方」という言葉の雰囲気が気にくわないだけなのかもしれません。でも、こういう「関西人と関東人では、同じ言葉でもまったく違ったニュアンスで使っている」ということは意外と多く、しかも、正反対のニュアンスだったりすることも多いので関西人の地雷ワードや、ムカッとさせてしまう言葉の使い方は、覚えておいて損はないと思いますよ～。

関西弁に気づいたとき、どんなふうに声をかけていますか？

初対面の相手が、関西弁の混じった話し方をしていたとします。そんなとき、「あ、関西の方ですか？」と聞きたくなりますよね？　相手が「そうなんです」と答えた場合、「やっぱり！　なまってたから、わかりました！」とか「標準語を話されてるけど、たまに関西弁なまりが出ますよね」などと嬉しそうに言ってはいないでしょうか。

それでは、よ〜く聞いておいてください。

KANSAI POINT!

これからは、天に誓って「なまっている」とは言わないでください！

「なまっている」――この言葉を聞いた関西人は、「は〜あ⁉　誰がなまってるっちゅーねん！」と、大変な怒りを覚えます。これまでの人生で一度も「なまっている」などと言われたことはないのですから、それを言った相手の、自分中心の上から目線に、キーッ！　となるほど腹が立っているはずです。

ただし、「誰がなまっとんねん！」と言い返す人はほとんどいないでしょう。関西人が本気で怒るとツッコミすら入らなくなります。こうなったらもう、言ってしまった人

関西人は寂しがり屋？

関東で働く知人女性が接客していると、まだ抜けきらない関西弁イントネーションのせいで、「もしかして関西の方ですか？　僕は京都です」などと関西出身者に話しかけられることが多いらしい。また、あるお店に行って注文をしたら、その店員が「あ〜、関西の方ですよね？　私は高槻なんですけど、主人の転勤で…」と身の上話が始まったらしい。皆どこか寂しいのか、親近感を持つのか、はたまた、単にしゃべりたいだけなのか。

の印象はガタ落ちです。振り返ってみると私も、言われた人を３人ほど憶えていますから、それほどこの言葉のインパクトは大きいのです。

ちなみに、関西では「おまえ、なまってないかー？」と言うのは、笑いながら相手を小馬鹿にしているようなときが多く、関東の人が思っている「なまり」とちょっとニュアンスが違うのです。

しかし、この「なまってる」という言葉、案外ぐさっとくるもので、怒りもありますが、「関西弁しゃべったらあかんのかぁ」と、気の弱い人なら、へこんで萎縮した気持ちになることでしょう。

ちなみに私は、東京の美容院で「今日は、どうされますか」と言われたときに、「うーん、パーマあてようかな、カットだけにしようかな」とうっかり言ったら、「あ、パーマかけるか、カットだけですね？」と訂正され（関西では、パーマをあてると言う）、「関西から来られたんですか？」と聞かれたので、「そうなんです」と言ったら、「すぐわかりました！　なまってますもんね」と言われ、キーッ！

そのあとのシャンプーで「気持ち悪いとこはないですか」と聞かれたときには、関西流に「右の耳のうしろ」とハッキリ言い、最後にメイクブラシで顔をはらってもらうときも、「まだ残ってる！」と、いちいち正直に答えたのでした〜。

関西人とのコミュニケーション・基本編9

あなたの持ち物の値段をズバリ聞かれたら？

関西人は、すぐ値段のことを聞きます。これはもう習慣のようなものです。でも関東人は、お金の話を嫌がる人が多いので、どう答えていいのか躊躇してしまうでしょう。そんなときは、

KANSAI POINT!

値段当てクイズにして、自分も参加しちゃいましょう！

先日、6人の食事会で2人もマイ箸を持っていて、こんな会話に…。

「それ、ほんでいくらくらいなん？」

「3000円くらいちゃいます？」

「そんな、すんの！」

「これは、どこどこで買って、箸袋の中はこうなってて、3000円でした〜」

「(ぼそっと) 高いんか安いんかわからんなー」

「いや、それ高いですよー」

こんなふうに、みんなで感想を言って、それで満足なのです。


むしろ値段を聞くのがお約束？

値段を聞かれるのは、持ち物だけではありません。例えば、髪型のことを聞かれて、「最近、エアーウェーブ（パーマ）かけたからなぁ」と言うと、「それ私もあてたーい。いくらなん？」とすぐに聞く。また、足の角質ケアに行った話をすれば、すぐに「そこ、いくらなん？」と聞かれる。おっさんもデジカメやらゴルフクラブやら、目新しいものを見るとすぐに値段を聞いてくると思うので、観察してみてくださいませ。

関西人とのコミュニケーション・基本編10

関西のキャバ嬢ってどんな感じなの？

大阪のキャバクラに行ってみたい！　という男性も多いのではないでしょうか。
そこで、実際に「行ってみた！」という関東の男性に話を聞いてみると…。

KANSAI POINT!

関西のキャバ嬢は、全員ボケ&ツッコミができるからおもしろくてたまらなかった！

とのこと。例えば、キャバ嬢の服装をいじるように、「その格好、それどうなの？」と関東男性が言えば、「え～？　今日、近所のスーパーに買い物行ってきて、そのままやねん」とキャバ嬢は喜んでボケてくれるのだそう。
ですからキャバ嬢にも、失敗を恐れずに、思ったことをどんどん言うのがいいでしょう。ポイントは明るく言うこと。おどおど言うとリアルに聞こえるので、感じ悪くなりますよ。

関西女性はお気楽？

関西の女性は、キャリアがあって隙を見せないような人でも、会議中や足元が見えない所で軽く靴を脱いでいたりする。でもこういう女性、関東では見かけないなぁ～。私も絨毯やったら脱ぎたいけど。関東の女性はどうしてはるんやろ。私の場合、新幹線移動はスリッパ持参で、状況により登場させる。足の疲れが違うもん。これはれっきとしたおばちゃんの始まりだが、身も心もラクなのだ～。

一緒にいる関西人が店内で盛り上がり過ぎている。どう注意すればいい？

お店で、関西人何人かと一緒にいると、大声で盛り上がり過ぎてしまう場合があります。一緒にいてちょっと恥ずかしいというか、自分のグループが他の人に迷惑をかけているのではないかと、気になって仕方がないことも。そんなときは、トイレに行くフリや、電話をかけに行くフリをして、

KANSAI POINT!

お店の人に「他のお客様もいらっしゃるので、少しお静かに」とやんわり言ってもらえるよう、裏でこっそり頼むのがいいでしょう！

なぜなら、こういう場合、私たち関西人ですら、「まわりに迷惑！　しーっ」と注意しても、「誰が迷惑やねん、誰もそんなこと言うてへんでー。自分（おまえ）、気にし過ぎちゃうか～？　がっはっはー」と聞く耳を持ってもらえないのが常で、たとえ真面目な顔で、「もうちょっとトーンを下げましょか」と言ったところで、「何がトーン下げましょか～やねん。トーンかローンか知らんけど、そんなもん知らんわい」と流されるのがオチ。一度、盛り上がってしまうと、その空気を壊すような発言には、耳を貸さない

関西の居酒屋メニュー

関東では、「ウーロンハイ」を頼む人が多いけど、関西では少ない。なんでかな？　やっぱりお得感がないからかな。私もたぶん一度も頼んだことがない。知人に聞いた話だが、関西はリキュールの消費量が高いらしい。カシス、マリブといった類。個人的にはエッグリキュールも好き。お酒のメニュー数は、同じチェーン店でも関西のほうが断然多いようだ。

人がほとんどです。

ただしこれは、「お前も仲間やのに何言うてんねん」と甘えている部分もあるので、お店の人に注意されれば、それなりに言うことを聞くはず。

これは私の体験談ですが、関西人のビジネスマン２人と一緒に、時間つぶしのために入った東京駅のお店で、めちゃくちゃ話が盛り上がってしまい、「まー、お客さんの多い賑やかな店内やしー、気にせんでええか」と、かまわず盛り上がっていたら、どうやら飛び抜けてうるさかったようで、店員さんに笑顔で注意されてハタと気づき、平身低頭で謝まったことがありました。けれども懲りない私たちは、「注意されるほど笑ったなー」と、それ自体が笑い話となり、そのあともまた笑いが止まらなかったのですが。

つまり、盛り上がっていてご機嫌なときは、お店の人に注意されてムッとする人は少ないということです。

これは知人の話ですが、ゴルフの帰りに関西男性４人で、代官山のおしゃれなイタリアンレストランで食事をしたとき、ギャルソン風の店員を呼んでは「パンにつけるタレ（オリーブオイル）もっとおくれ～」「箸ないの？」「焼酎ないの？」と大声で連発し、その度に自分たちだけで大爆笑。こういう状況を恥ずかしいと思わないことが、関西人と仲良くなれる秘訣かもしれません。

ここからは別の話。友だちの旦那さんが若くして急に病気で亡くなってしまったのである。お墓を建てるということで、友だちと私は墓石屋さんからきたFAXを見ながら、どの書体がかっこいいかを決めた。

1カ月後、親族が集まっての納骨式。私はその場にいなかったのだが、あるおじさんが、**「ぎえーっ！ 1540年生まれになっとるがな！」**と叫んだもんやから、皆ビックリ。見ると確かに「1540年生まれ」とお墓に彫られていたらしく、「これやったら徳川家康より年上やがな、同級生ちゃうか、がっはっは」「いやいや、まだ家康は生まれてへんやろ、秀吉より上ちゃうか」「いや両方とも、もっと前やろ」と、故人をツッコみながら笑っていたとか。これぞ、さすが深刻な場でも笑いを忘れない関西人！

その夜の集まりで、この話を聞いた私は、校正のFAXをチェックしなかったこちらも悪いと答えた。ところが彼女は、「墓石屋が悪いわ！ 石削るだけやから直すのんは簡単ちゃうん？」と譲らない。そうしたら別のおばちゃんが、「アカンわ、それやったら墓石が細うなるわ」とチクリと厳しいことを言って、みんなで大笑い。

怒りや哀しみを、笑いで和らげる関西人なのであーる。

column

関西人の“オモロ”な日常

ザッツ関西人！ エピソード 1

世話焼きオカン&墓石の失敗

何年か前、私は夜にお店で食べた何かにあたったらしく、夜中に急に具合が悪くなった。たまたまそのとき友だちから電話があったので、そのことを話したら、なんと翌日、その子のオトンが朝一番、病院に並びに行ってくれたのであーる。私はすっかり元気になって朝寝をしてたのに、その子のオカンが突然車で迎えに来て、強引に病院へ連れて行かれることに…。

病院に着いて、私の名前が呼ばれると、友だちのオカンは立ち上がって、スタスタと私より先に診察室に入っていくではないか！

そして**「この子、友だちの子やねんけど」**と関係を説明してから、「なんかにあたったみたいで」に始まり、あれこれ状況を力説。私はあっけにとられながらも、な〜んか温かい気持ちになった。これぞ、関西名物、世話焼きオカン！

その一方で、私の友人は何をしていたかというと…。オカンに私の情報だけを伝えて、自分はゆるりと朝ごはん。関西のオカンは強いので、オトンに「並びに行ったって」と指令を出して自宅で待機…。ここらへんが関西人の家族力であり、でも相手に気を遣わせることはないという、要するにテキトーで、いい感じなのであーる。

関西弁ニュアンス考

「関西人が便利に使い分ける言葉」

ええから

【解説】

次のような使い方をされると、まったく対抗できず、従うのみとなります。例＝「明日飲み会行くぞ」「すみません明日予定あるんですよ」「ええから」。「でも〜彼女と」「ええからっ」。「でもほんとにダメなんです」「ええからっちゅ〜とるやろ〜」。
ただし、使い方によっては優しい感じにもなります。例＝「お手伝いしてから出かけるわ」「ええから（はよ行き〜）」。

第3章

関西人との
コミュニケーション

ビジネス&出張編

関西人とのコミュニケーション・ビジネス&出張編1

関西人を食事に誘ったら、絶対にすべきこととは？

打ち合わせが長引いて、取引先の人をお昼ごはんに誘うことに…

東京A男：あ、もうお昼まわっちゃいましたね！　ごはんに行きませんか？

関西B男：言われてみたら、もう2時ですやん。おなかもすくはずですわぁ。どっか近くに食事できるとこありますか？

東京A男：はい。知っているところがありますので、そこへ行きましょう！

そこで、クエスチョン！

Q1

さて、この会話のあと、東京A男がすべきこととは？

打ち合わせなどをしていると、時間的に「食事にでも行きましょうか？」という流れになることがあります。

こんなとき、東京にはわんさかお店があるといっても、関西人を食事にお連れするときには、行き当たりばったりでは絶対にいけません！　関西人にとって、お店に到着してから満席がわかることなんてありえない話で、ましてやお店に着いてから待つなんて、関西人の感覚からしたら、わけのわからない拷問です。できるだけ…いや絶対に、

KANSAI POINT!

お店には予約の電話を入れましょう。関西人はお店に向かいながらでも電話を入れます。

東京の人といると、流れでどこかのお店に行くと決まったときに、確認の電話をしないことに、びっくりさせられます。お店に到着して、まごまごした挙げ句に待たされると、「頼むわ～！　電話しとけよ～」と怒りが込み上げてきます（もちろん、顔には出しませんが）。

しかも、大変なミスをしてしまったという空気ではなく、のら～り、くら～りと「いっぱいなんだって」「そうなんだ～、どうする？」という会話をしているから、まったくもって意味がわかりません。関西では、向かいながらも誰かが電話をするのがフツーです。電話番号がわからなければ、歩きながらでも調べてかけるのが常識です。関西人はイラチと言われますが、ボーッと待っている東京の人は、その空白の時間をなんとも思わへんのやろか？　仕事では効率化を叫んだりするのに、不思議でたまりません…。

Q１の答え

その場を離れて歩き出す前に、そのとき頭に浮かんだお店に、営業しているか（何時までか）、席はあるのかの確認をすること。そのお店の電話番号がわからなければ、同行する関西人が「とりあえず、行ってみましょか！」と言わない限りは、すぐに番号を調べて、一応は確認したほうが良いでしょう。

関西人とのコミュニケーション・ビジネス&出張編2

打ち合わせ中、脱線した話で盛り上がった関西人を、うまく黙らせる方法は?

打ち合わせを始めようとして…

関西A男:この前、うちの新人が叱られてやけを起こして、「くそー!」って壁にパンチしたら、壁に穴あいてもうて、手は包帯ぐるぐるでドラえもんですわ!

関西B男:がーっはっは。キーボード打たれへんのんちゃうん!

関西A男:じゃんけんも、まわりにパーを出されては毎回負けるのが決まってるから、うちの部署はわざと何でもじゃんけんで決めるようになってるで〜。

ここで、クエスチョン!

Q2

さて、話が脱線して止まりません。どうやったら、この雑談トークを止めることができるでしょう?

東京で仕事の打ち合わせで集まったのに、そこに関西人が2人以上いると、まずは雑談で盛り上がってしまい、話が止まらないときがあります。本人たちは楽しそうなんだけど、ちょっとついていけないし、疲れてきたし、本題に入らないといけないし…とい

うとき、この流れを止めるには、どうしたらいいでしょう。そんなときは、

KANSAI POINT!

低い声とゆっくりしたトーンで、さりげなく会話に口を挟んでみてください！

こうされると会話のテンポが狂い始め、〝軽快なトーク〟という、関西人にとっての気持ち良さがなくなってきます。しばらく続ければ、トークのリズムが合わなくなり、しゃべりにくくなってきます。盛り上がっていた気持ちも、次第にシュンとなってくるはずです。その瞬間が、話の切り込みポイントです。

関西人の会話は、リズムや勢いによってエスカレートしていくことがほとんどで、盛り上がりとともに話をかぶせていくので、気がつけば、かなり大きな声になっていることもしばしばあります。そこに切り込んでいくのは勇気がいるかもしれませんが、本題に入れなかったら、せっかくの打ち合わせが、ただの寄り合いになってしまうかもしれないのです！

気を悪くするかも…なんて心配はご無用。関西人は楽しい時間が大好きですから、「あ、大事な話があるんだな」と気づけば、話を無事に終わらせ、またすぐ盛り上がります。もし、盛り上がっている中でいきなり話題を変えたいなら、難しい（かたい）話で入るのもいいですよ！

Q２の答え

「はっはっは！」と自分も笑ったりしたあと（少し声のトーンを下げてゆっくりと）、「で、本題に戻りますと…」「で、次なんですが」などと、気を遣わずに無理矢理切り込んでOK。盛り上がっていても、頭の中では本題に入る準備もしていますし、いつでもストップできます。バシッとタイミングよく、さりげなく切り込むのがポイントです。遠慮せずにどーぞ！

バシッと

関西人とのコミュニケーション・ビジネス＆出張編3

関西で声をかけられたとき、好印象を与える返事とは？

大阪への出張で。見知らぬ関西人に声をかけられました…

出張先での仕事も無事に終わり、夕食をとる店を探していたあなた。ふらっと入った居酒屋で、お店の人が「にいちゃん、東京から来たんか」と聞いてきました。その声に反応して、他のお客さんも、こっちを見ています。

そこで、クエスチョン！

Q3

さて、あなたは、どんなふうに返事をしますか？

関西で標準語でしゃべっていると、「にいちゃん、東京から来たんか」とお店の人や、見ず知らずの人に声をかけられることがあります。

そんなときは、気取らないのが大前提ですが、一瞬で関西の人をごきげんにし、あな

たの好感度もアップする返事のしかたがあるのです。それは…、

KANSAI POINT!

東京は便利ですが、しょせん田舎者の集まりですから！

このフレーズを、どこかでさりげなく使ってみましょう。ただし、誇張はせず、しらじらしくならないよう、ぼそっとつぶやくのがコツです。

別に、関西人に媚びを売る必要はないのですが、このフレーズを言うことによって、関西人は「よっしゃ、こいつは自分を落とした考え方ができるんや。東京人ということに浮かれてない」と判断するわけです。そうとわかると関西人は、キラリと目を輝かせ、ぎゅっと距離感を縮めてきてくれます。また、このフレーズを東京の人が先に言うことによって、「いーや、なんやかんやゆうて東京はスゴイわ。大阪はもうあかん。今じゃ100倍はちゃうからな」とか、「東京は偉い」という話になること間違いなし。

また、「本社が東京に移った会社も多いでー」なんて話が出る確率も高く、気弱にめげている関西人も見ることができるでしょう。そんなときは、「いや、関西の人たちの情と温かさを、東京の人は見習うべきです！」などと熱く語れば、「お互いがんばらんな、あかんなぁ」などと、関西人の情にもふれることができるでしょう。

Q３の答え

「そうなんですよ。僕、関西にくるの2回目なんですが、お店も街もこっちの空気は好きですね。次回もまた、ここに来ます。東京は便利でいい街ですが、肩肘張って生きなきゃならないから疲れますよ～。関西はあったかい！」などと言いつつ、最後は決めゼリフのごとく「東京はしょせん田舎者の集まりですよ！」と高らかな声で叫びましょう。

関西で道に迷ったとき、あなたがとるべき行動は？

道に迷ったり、電車の乗り継ぎがわからなかったりしたとき、東京の人は、ケータイで検索したり、地図を確かめたりと、人に迷惑をかけずに、自力でなんとかしようとする人が多い気がします。

でも関西では、悩まず、すぐに誰かに聞きましょう。なぜなら、

KANSAI POINT!

聞いたほうが早いし、世話好きな人が多いので、予想外の感動に出会えるかもしれないからです。

関西では、誰にでもナンボでも道を聞いていいのです。一度、気軽に声をかけてみれば、すぐに慣れ、「聞いたほうが早い」と思うばかりか、助けてもらったという感謝の気持ちから、「これからは、自分も困っている人を見かけたら丁寧に教えてあげよう」という意欲がわいてくるはずです。

関西では、人に何か聞かれて迷惑と思う人はほとんどいないですし、尋ねられることに慣れているのです。

東京の人は冷たい？

なんで東京の人って、道を教えてくれへんの？　東京は広いから、道を知り尽くすのは難しいってのは承知してんねんけど、それにしてもあまりにも不親切な人が多いでー。他人と話したがらないのかな。頼むからもっと親切に、できれば知ってるだけでも道を教えて～。タクシーの人に「どのルートで行きましょ？」と聞かれて、「わからんからタクシー乗ってんねや！　なめとんのか！」と喧嘩した人もいたわぁ。

ただし、人によっては、「今のでわかったか？」「何しにいくのん？」と、逆に質問されて話が長くなったり、「ガーッて真っ直ぐ行ったらやな〜、ドンつきに当たるやろ？　そこをちょろっと右に曲がったら、なんっちゅーたかなー、ドレミやったかな〜、変な名前の喫茶店があってやな〜、ドラミやったかな〜」と、擬音語だらけの説明下手に遭遇することもありますが、それもまた「オモロい人に出会った」という話のネタになりますし、旅のみやげ話にもなるっちゅーもの。

　欲しい答え以外にも、オモロい情報までも仕入れられたら、あんたも一人前！

ガーッて、まっすぐ行くやろ
ほんで
ちょろっと
右に曲がったらわかるわー
説明が下手なら途中で教えたろと思ってる通りすがりのオバチャン

関西人との電話で、打ってはいけない相づちとは？

関西人との電話で、主にビジネスシーンで、ときにプライベートなシーンでも、ちょっとまじめな話をしてるときの相づちには、気をつけなくてはいけません。

KANSAI POINT!

関東でよく使われる「ええ」という相づちをグッと減らし、「はい」を多く使うように心がけましょう。

なぜなら、関西で「ええ」は、ちょっと見下されているように聞こえるからです。電話は相手の顔が見えないので、「ええ、ええ」と相づちを打たれると、なんや上から目線やないかい！　と、お高くとまっているような印象を与えてしまいます。「ええ」は、大人になってから使い始める言葉なので、生意気に聞こえてしまうのでしょう。

以前、関東の仕事仲間に、「はい」の連発は子供っぽいと言われ驚いたものですが、関東人のよく使う、「そうなんだ～」「たしかに～」という相づちも、関西人からすると、「そう返されると、そこで話が終わるっちゅーねん」と、好ましくなかったりします。

関西人とハワイアン

ケータイの留守電になるまでの時間が長くてイライラすると言われて短くし、相手に流すコール音を新しい洋楽にしてたら「なんや、やかましいなあ」と言われ、懐かしい音楽にしてたら古いと言われ、エンヤにしてたら夏には合わないと言われ、思いのほか何かしら言われる。最終的にハワイアンにしたら、もっと聞いていたいと大好評。ハワイアンはイラチもご機嫌。なぜか冬でも文句を言われずで、恐るべし～ハワイアン。

関西人とのコミュニケーション・ビジネス＆出張編6

「あかんねん」の本当の意味とは？

関西の人に何かをお誘いしたり、薦めたりすると、「あかんねん」や「いややぁ～」といった返事に出くわすことがあると思います。そしてまた、このネガティブな言葉を、すぐに使う習性があります。しかしこれは、

KANSAI POINT!

実際のNOの比率は20パーセントくらいと考えていいでしょう。

関東の人が答える「ダメです」は、その言葉通り、１００パーセントＮＯ、もしくは、少なく見積もっても95パーセントくらいの割合でＮＯですが、関西人はそこまでのつもりでは言っていないので注意が必要です。例えば、次のような会話はよくあることです。

「デザートセットにする？」

「あかんねん。今、ダイエット中やねん」

「ホンマぁ？　でもこのマンゴープリン期間限定って書いてるで」

「ほなら、とりあえず私もそのセットにするわ」

このように、関西人の場合、いとも簡単にパッと覆すことがあるので、ビジネスシーンで「あかん」の言葉が出たからといって、その言葉通りに受け取って、すぐに諦めるのではなく、しばらく押し引きしてみたほうがいいかもしれませんよ。

西と東のツレ違い？

関西の男性は、「友達」より「ツレ」という単語を使う人のほうが多い。「ツレ」には悪友っぽいニュアンスもあって、「学生時代からのツレ」とか「バイトのツレ」といった感じで使う。女友達のことも「ツレ」と言う。関東では彼女のことをツレというので、関西人の男性が男友達を指して「ツレ」というと、みんなビックリするらしい。

初詣のすぐあとに商売人がこぞって出かける場所とは？

関西では、お正月に初詣に行ったと思ったらすぐに「十日戎」があります。1月9日（宵戎）10日（本戎）11日（残り福）。この3日間のどれかに、大阪の今宮戎、兵庫の西宮戎（一番乗りすると福男になれることで有名。前夜から並んで走る人もいる）、京都ゑびすなど、他にもたくさんある中で、それぞれ好きな「えべっさん」にお参りに行き、ビジネスの発展を祈願します。今宮戎では、笹をもらっては、お賽銭代わりにそこに付ける飾り物を買い、自分なりに笹をカスタマイズして持って帰るのですが、お参りのお賽銭もちゃんと投げます。ただ、商売人の投げるお賽銭は、初詣より断然多く、

KANSAI POINT!

初詣で100円の人は、えべっさんでは1000円くらい。えべっさんには命かけてると言ってもいいくらいです！

「福来い」といって、小切手に2951《ふくこい》円と書いて入れる人もいますし、「ご縁」とかけて、1005《ご縁》円を入れる人もいます。祈祷も大繁盛です。たくさん飾りを付けた笹は、一年中お店や会社に飾り、翌年のえべっさんで奉納し、

縁起をかつぐ関西人

大阪は、その昔、漢字で書くと「大坂」やったのに、今は「大阪」。「坂」では、「土にかえる（反る）」と書くので縁起が悪いから漢字を変えたという話を、ホンマかどうかは知らんけど聞いたことがある。官の言うことはあまり聞かない体質のようやのに、神さんとか、えべっさんとか、ゲン担ぎとか、見えない力には絶大な信頼を寄せている関西人（のオッチャン）なのである。

また新しいのを買うというしくみですが、笹だけでなく、熊手や福箕などを買う人もたくさんいます。

気にして見てみると、関西ではほとんどのお店や会社のどこかに笹が飾ってあるはず。最初は緑の笹色ですが、１～２週間で黄土色になります。

ちなみに、今宮戎の場合、その前にある天ぷら（練りものなどを揚げた関西天ぷら）を食べないといけないという人もいるくらい、京都の風水と一緒で、商売人はゲンを担ぐのが好きなのです。もちろん、商売をしている人だけでなく一般の人も、出店でお酒を飲みながらサザエのつぼ焼きを食べたりと、食べ歩きも楽しい冬の風物詩です。

年々、出店もワールドワイドになっていて、韓国、ブラジル、中国、タイ、スリランカなど充実の一途をたどっています。今宮戎と西宮戎は、例年３日で約１００万人が訪れるので、人がぎゅうぎゅうで寒さを感じませんし、元来、並ぶのが大嫌いな関西人ですから、仕方なく人込みにもまれていますが、順番なんていざしらずで、横入りは当たり前、方々から手を出して買う姿も見学できるでしょう。

関東の皆さん、ぜひこの時期を狙って、訪れてみてはいかがでしょう。毎年選ばれる福娘も拝めますよ。私の知人にも、社長秘書とか美人ＯＬの「元福娘」がいますが、どの娘もなかなかレベルが高いですよ～。

関西人とのコミュニケーション・ビジネス＆出張編8

知り合いや、知り合いのお店を紹介されたときに注意することとは？

関東でも関西でも、人やお店などを、誰かに紹介したりされたり…といったことがよくあります。親切心やおせっかいで始まるご縁ではあっても、それはありがたいもの。ところが関西の場合、関東とは少しニュアンスが違うところがあります。そう、それは、恐怖の知り合いの知り合いの知り合い（×3乗）は、

KANSAI POINT!

「安くしてもらえる」「なんかおまけしてくれる」という暗黙のルールがあるからです。

つまり、「つこたってー（使ってあげてー）」と知り合いの会社を紹介されたということは、「よそより安くしてくれる」か、「プラスアルファのことをしてくれるだろう」という意味があるわけです。どんなに遠い知り合いでも、勝手に紹介されたからには、何かしら特別な対応をしてさしあげないと、紹介してくれた人の面目が立たないような雰囲気に包まれます。

お店なども、「行ったってー」と勝手に紹介された場合でも、「○○さんの紹介で」と

大げさに話す関西人

関東では有名人に遭遇する確率が高いけれど、誰も声をかけない。関西ではお笑い芸人さんを見ると知り合いのごとく声はかけるし、細かい共通点を見つけて話しかける人が多い。「鶴瓶さんに最初にアフロパーマかけたん俺のオカンやねん」などの小ネタもよく聞く。最近では、橋下徹知事や平松邦夫市長の知人の知人だという話もよく聞くが、「くにお・とおる」（なんと、松竹芸能のベテラン漫才師さんと同じ名前になる！）で漫才でもしたらええのに！　というオチがお約束だ。

酒井くにお・とおる

言えば、なーんか1品おまけしてくれるだろうとか、ちょっとお代金をまけてくれるのではないかと、思いっきり期待しているのが、関西人の本心です。

本来であれば、知り合いのお店だから、いつもよりいいワインを頼もうとか、知り合いだからこそ売上げに貢献しないと！　などと、たくさんお金を置いていくのが気持ちだと思うのです。ところが関西人は、知り合いのお店にわざわざ行ってるのに、なーんもメリットがないなら、よそのお店に行ったほうがマシ！　と思うわけです。

その反面、知り合いだからと少しでもサービスされたり特別待遇されたりしたら、さっきまでまずいとか遠かったなどと言っていたとしても、瞬時に「ラッキー！　いえ～い！　おおきに！」と、ご機嫌になるのだからゲンキンなもんです。「ええ店やわ～」などと言う変わり身の早さは天下一品。

いやらしい話ですが、実際私も、「知り合いの妹の同級生がやってるし行ったってー。行くとき電話しとくし」という遠い知り合いのネイルサロンや美容院は、よっぽど気に入った場合を除いて、なんかおまけしてくれないと、すぐに浮気してよそに行ってまうし、逆に流行してる店は、この特別感の与え方がうまくて、お客を引っぱっているように思います。

そんなわけで、関西での知り合い、知り合いの知り合いには、安う使われんよう気ぃつけてな！

占いや風水について関西の男性と話すときの注意とは？

女性はたいてい占いが好きですよね？　それは関西人も関東人も変わりなく、パワーストーンを持っていたり、占い師に観てもらったりしたことが一度や二度はあると思います。これが男性となると事情が変わって、関東では話題に上ることも少ないように思うし、それどころか冷ややかな目で見ている人のほうが多いのでは？　ところが関西では、親の時代から個人で商売をやっている人が多いので、その影響もあるのでしょう。

KANSAI POINT!

占いや風水、ゲンかつぎを重視する男性がわりと多いのです。

商売をしてはる人は、名前や重要なことを決めるのに、日を見るのはもちろん、これを持っていると商売繁盛すると言われている『仙臺《せんだい》四郎《しろう》』グッズを、わざわざ仙台に買いに行く人もいれば（ネットで購入してはダメらしい）、お寺や神社に毎月お参りに行くという話もよく聞きます。靴は左から履くとか、お金が出ていかないように、お札は逆さにして財布に入れるとか、それぞれの信念があるようです。占い師に観てもらう

占い好き関西おっさん

随分前に神戸方面の占いに行ったら「前世は女優の神保美喜と双子だった」と言われた。その数年後、友人について行った占いで、ちらっと顔を見ただけでまた同じことを言われてビックリ。という話をすると関西のおっさんは続きを聞きたがる人が多いが、関東では興味ない人が多い。あと男性は、お金・奥さん・彼女・名声・健康の5つを兼ね備えてる人は少なく、全部持ってると早死にするらしいで〜という話をすると、安心する人が多い〜。わっはっは！

人も多く、男性はマジなので、ちょっとやそっとではどこに行ってるかを教えてはくれません。

旅館を経営している知人は、仕事でお願いごとがあったときに、大好きなゴルフを断ってまで願掛けをしていたし、別の知人は、大きな事業が成功するまではと、ビールを断っていました。彼らは決して特殊な人種ではありません。普通のサラリーマンの男性も、ツイてないことがあった友人からもらったゴルフセット一式を使い出してから、自分にもいいことがないと気にし始めて、ある日、絶不調でプレーを終えたゴルフ場に、そのゴルフセット一式を「捨てるなりなんなりして！」と置いて帰り、すべて新調したほど。初めてのクライアントさんとの打ち合わせ日を決めるときなども、クライアントさんが気にするはずだからと、日を見て決める人もいるほどです。

そう言えば、以前私がお付き合いしていた人も、私の知らない間に家族で信頼してる占い師に相性を観てもらっていて、帰りの道中から嬉々として電話で報告があり、茶色を身につけろとか、何月と何月は気をつけよ、などと勝手に言われた覚えがあります。友人の旦那さんも、結婚する前に占い師さんに観てもらっていたようですし…。

つまり関西の男性は、自分からは話しませんが、占いや運気を気にする人が多いので、決して「くだらない」などとは言わないほうがいいでしょう。

「保険入ったるし、もっかいおいでーと言うたんで、明日その営業また来るわー。千秋さん、聞きたいんやったら、来る?」

なんちゅー会長…。ザッツ関西人やわ〜と思いながら、その翌日は行けず…。後日やっぱり米良くんを見たいなと、アポをとって呼び出してもらうことに。その日は数人でプレゼンに行った帰りだったので、一緒にいた方々も引き連れて、米良くんを見に行き、歌声を披露してほしいとお願いしてみたのです。

すると、「勘弁してくださいよ〜」と言いながら、またまた立って「ああ〜、あ〜」と発声練習をし、渡されたペンをマイクにして、「ではアカペラでいきます」とみんなの前で歌い出したのである。「なんやねん、その発声〜。がっはははは」。やはり、こんなときでもまじめにやる発声練習は端から見るとおもしろい。ちなみに、なぜまた呼び出されたか不明だったらしく、嫌々感を出していたが、わざわざみんなで見にきたと言ったらかなりのご満悦でした。

そして、あのとき偶然ショップをのぞいた女性は、ヘアメイクさんなのに、その後、そのカフェのバイトに2回も来てもらったらしい。会ったらみんな友達なのか? うーん、ザッツ関西人〜!

column

関西人の“オモロ”な日常

ザッツ関西人！ エピソード２
なりきり営業マン

先日、とある会社の社長＆会長と一緒だったのですが、社長のほうが「今日の話を聞いてくださいよー」と言うので、何ですかーと聞いてみると…。その会社のアンテナショップ兼カフェで、会長が１人で１時間だけ留守番をしてたらしい。その間に、たまたまお店をのぞいた29歳のきれいな女性と、裏口から飛び込み営業にきた保険会社の男性を招き入れ、コーヒーをふるまって、座り込んで話をしてたのだとか。

すると、その営業マンは以前、朝日放送の「探偵！ナイトスクープ」に「もののけ姫」の米良美一のものまねで出たことがあると言うのだ！ 600通ものハガキが来る中で選ばれるのは３～４人だと自慢するので、会長が「ほんだら歌ってみい」と言うと、なんと、立って歌い出したというではないか！ まったくの初対面である２人の前で、堂々とであーる。

「ほんだら、『ああ～、あ～』て言うから、それなんやねん！ ゆうたら、発声や言いまんねん。がっはっは～」と会長。

結局、ちょろっと歌ったらいいものの、その関西男性、まるまる１曲を歌いきったらしいのだ！

「でもこれが 案外うまいんだ～」と会長は大喜び。そして、私に向かってひと言。

東京の人に通じてない言葉シリーズ「なんで通じひんねん！」

【やんか〜】

関西人が、よく使っている言葉の一つに「やんか〜」が、あんねやんか〜。

これは知人のデザイナーの話。彼はニューヨークで知り合った関西人とクラブに行く約束をしていたそうなのですが、夜になってその関西人が、「俺、今日疲れてるんやんか〜。せやし、やめとくわ」と、さらりと言ったらしい。

「そんなこと言われても、俺、今初めて聞いたし！」

関東人である彼は、そう思ったという。当然おまえも知ってるやろーといったニュアンスで「疲れてるんやんか〜」などと言われても、知らんがな、と。

この食い違いは、「やんか〜」の捉え方の違いです。

関西人は、自分のことを話すのに相手に疑問系で聞くという言い方があり、そのときに「やんか〜」をよく使います。私も旅行中に「私、トースト好きやんか〜。でも朝粥も気になるし、どないしよ」と東京の友人に言って、「そうなの？　そんなこと初めて聞いたよー」と言われ、確かに初めて言ったような気もするが、そんなことは私にとってどうでもよく、そこが話のポイントではないのです。トーストの話はええねん。トーストと朝粥で迷ってる会話をせなあかんやろと、ちょっとズレてるよなあ～と思うわけです。

どうやら関東の人は、「やんか～」を、「そうだったじゃん？」という過去形の疑問系で捉えているご様子。ところが関西人は、「こうなんだよね～」と、自分のちょっとした情報を与えたいだけなので、「聞いてないよ！」とかみつかれても、「は？」と腑に落ちません。

一方で、「トースト好きやねんけどな～」の意を強く込めて、「トースト好きなんやんか～」と、初めてアピールしてる「やんか～」使いもありますが、それは「好きなんだけど～」の意味です。

また、「やんか～」は「～じゃない？」の意味もあるので、「これ高いやんか～、他のにするわ」「彼氏、無口やけど男らしいし、ええやんか～」という使い方もします。しかし、そないに「やんか～」は、気にしてもらわなくても、聞き流してもらったらええと思うねやんか～。

東京の人に通じてない言葉シリーズ「なんで通じひんねん！」

【してはる】

関西人と関東人では、敬語の使い方と受け止め方が、だいぶ違うのを認識してる人が、じつは少ない！　と思うのです。けれども、それをお互いがいちいち確認し合うこともないので、気づかないままなんですよね。関西人がちょっと丁寧なニュアンスを含んで話してるのに、関東の人がそれにまーったく気づいてないと知ったときには、そりゃ驚いたものです。そもそも関東人は、

関西弁に敬語はない。関西弁は単なるなれなれしい方言！

だと思っているようで、そんなん言うたら、私が気を遣って丁寧に話していた会話はいったいなんやってーんと。

関西弁の代表的な敬語表現は、「してはる」「食べはる」「来はる」「言わはる」などの「～はる」。アレンジ例を挙げると、「わろて（笑って）はった」「旅行行ってはった」「話に喰いついてきはった」「ケータイ無くしはった」などなど。関東人はただの会話口調と思っているようですが、じつは「～はる」を入れることで、関西人は相手を敬って、かなり丁寧に話しているのです。

「もうお昼、食べはりました？」と言われることも多いと思いますが、それは「もうお昼、食べた？」よりは敬っているけれど、「もう、お昼召し上がりました？」ほどたいそうな敬語でもなく、「食べた？」というのもなれなれしくて失礼だし～という感覚の中間で、「親しみも込め～の、敬う気持ちも込め～の」な言葉。

　例えば、目上の人にツッコミを入れるときにも「何やっとんねん」とは言わず、「何やってはりますのん」と言っているのを、耳にしたことがあるのではないでしょうか。ただし、京都の人だけは、常にこの「～はる」を使う人が多いです。京都に住む友人が、「お母さんがテレビ見たはった」と言うのを聞いて、身内に敬語使うかー？　と思ったものですが、彼女の話には、「～はる」がよく出てくるので、京都の人は普通に使うねんなーと認識しています。とはいえ、「飼《こ》うてる犬が、ごはん食べたはんのん見てたら、遅なってもうた」と遅刻の理由を聞いたときには、さすがにちょっとビックリして、思わず「犬に『～はる』は使わんでもええやろ～」とツッコんでしまったものです。

　ちなみに、関西人同士の会話では、丁寧語でしゃべっているつもりが、よくよく考えてみたら、「してへん」を「してない」と、関西弁の発音のまま、標準語にしただけやん！　ということもよくあります。

東京の人に通じてない言葉シリーズ「なんで通じひんねん！」

【いいい〜】【ちょお〜】

関西人は、一文字の母音を延ばす習性があります。単語は同じだし、よもや通じひんことはないやろと関西人は思うのですが、実際には通じてないこともあるようです。

例えば、関東の会社に勤めてる同級生が、会社で具合が悪くなりうずくまっていたら、同僚にどうしたのかと尋ねられ、

「いいいい〜い痛い」

と言ったら「え？」と言われたので、再び「いいいい〜い痛い」と必死に訴えたら、「あ、胃が痛いのね？」と言われたことがあり、痛みが頂点に及んでいるときだったので、「だから！　さっきから言うてるやん！　伝わってへんかったんかいな！」とショックを受けたとか。

私も「手え」「目え」「蚊あ」「毛え」

と言わないように、東京に行くときは、母音には気をつけているつもりですが、知らない間に「見えへん」を「めえ〜へん」と言っているようで、「目え、変？」と聞かれたこともあります。

また、感嘆や強調を表すには、度合いに応じて母音を延ばすので、「血いーーーーーー出てる！」「身いーーーーーーのとこ食べや」「湯ーーーーーー沸いてんで！」となります。

「ちょっと！」というのを、ついつい「ちょ〜」と延ばしてしまう言い方も、関東の人がよく使う「超」と勘違いされることもあるみたいで、

「ちょぉ〜っ！　急いで」

と言われたら、「超、急いで」ではなく、「ちょっと急いで」です。また、関西では、「ちょっと！」と人にかける言葉が、もっとなれなれしくなって、「ちょ〜っ！」とだけ叫んで呼ばれることもあります。

「こっちのほうが好きやわぁ」と言われたら謝るしー。

「好きな関西弁」勝手にランキング

関西人に愛されている関西弁。関東の人にもこの愛おしさをわかってほしい！　という願いのもと、関西人の皆さんに「好きな関西弁」をお聞きし、独断と偏見で、勝手にベスト10にしてみました！

No.1

ええやん

ええ～んちゃうん

関東の人に、こうしようと思ってるんだけど、どう思う？　と聞かれて、「ええやん、ええや～ん！」と高揚系で答えたら、「本当に思ってんのー？　適当だなぁ」と言われたことがある。でも、「ええやん」は最上級に近い表現。また「ええんとちゃう」「ええんちゃうかー」という使い方もあり、包容力や優しさを感じる言葉。

No.2

しゃーないやろ

しゃーないな

仕方ないと正論風に言われるより、深刻度が緩和され、気持ちが軽くなる気がする。例えば、「お金ないから仕方ない」と言われると悲惨な気分になるが、「お金ないししゃーないやん」と言われると素直に諦められる。

No.3

はんなり

まったり

「はんなり」は、やんわりと落ち着いていて、上品な華やかさがあり、それでいて派手さも兼ね備える言葉。下品と言われて嘆く関西人が、こういう言葉を大切にしていることを関東の人にわかってもらいたい。「まったり」は、今では関東人が普段使いしていて鼻が高い。どちらも関西人を幸せな気分にしてくれる言葉。

No.4 かまへんかまへん

「かまわないよー」「いいよ」といった意味をもつ言葉だが、それよりも「大丈夫」感のある優しいニュアンスを出せるところが素敵。例えば、「え～!?こんなにいただいてもいいんですか？」「かまへんかまへん」

No.5 えらいこっちゃ

「独身と言ってたＡさんの、奥さんと名乗る人から電話あった～。えらいこっちゃ！」と驚きのメールが届き、大事件だが半分ウキウキして、私はそのメールをくれた彼女に電話をした。そんな楽観的なニュアンスを含む言葉である。

No.6 よろしゅうに よろしゅう

「これからも、よろしゅうに」「よろしゅうお伝えください」などと使う言葉。「よろしく」となんら変わらないのだけど、空気感がいい。かしこまっているけど、親しみと優しい気持ちが込められたイメージ。

No.7 たのんまっせ

商売人のおっさんぽい感じもするが、京都の花街の人が使ってると、ええなあと思う。「頼りにしてまっせ」ほど重くなくて、適当な依頼感が出せる絶妙な言葉。例えば、上記とセットで「よろしゅうたのんまっせ」としても。

No.8 ややこしい

厄介で込み入ってて面倒で複雑。その言葉一つで、長い話を聞かされるより端的に理解できる。例えば、深刻度を低くして言いたいときなど、私は「ややこい」と言うようにしている。例）ややこい人（ややこい話）

No.9 おめでとうさん

お芋さん、お豆さんと、物に「さん付け」するだけでなく、挨拶にも敬称をつけるこの律儀さ！　言われると包み込まれるような優しさを感じる。芸者・舞妓なら「おめでとうさんどす」。他に「ご機嫌さん」なども。

No.10 あかん

「だめだ」「いけない」よりキツくはなく、でも、そういう意味だとはっきりわかるので、使い勝手がいい。例）「あかんかった」「なんであんたにそんなこと言われなあかんの」「せんとあかん（しないといけない）」

特別賞
「あほっちゃう～？」

関東人にとっては、この言葉が気軽に飛び交うのが不思議みたいやねんけど、関西人にとって「あほ」は、言われて誇りに思う言葉なのである。また、仲間意識も感じられる言葉。だから上司に「あほか！」と叱られるレベルでは、かわいがってもらっていると思っていい。そして「あほっちゃう～」も、親しみを感じられる言葉。例えば、自分の大失敗などを披露した場合、「そうなんだあ」とデクレッシェンドされると落ち込むが、「あほっちゃう～」と明るく脳天気に言われると救われるので、大いに使ってよろし！

東京の人に通じてない言葉シリーズ「なんで通じひんねん！」

なんでないねん！
なんでそう言うねん！

東京によく行くようになって、「なんで東京にないねん！」と思ったもの（関西と関東では呼び方が違うので、「関東にはないのかぁ〜」と思ってしまったもの）がい〜っぱいあります。関西でしか、こうは呼ばへんねや〜と知ることさえなく死んでいく関西人もいっぱいいるであろうものを、ここではご紹介します。

まず、何がビックリするって、関東の人が居酒屋で「おしんこちょーだい」と言ったあと、「たくあんではない」漬け物が出てきたとき。一瞬コントやと思って「それ、おしんこちゃうし〜」と言ったら、関東ではれっきとしたおしんこらしい。関西では、おしんこっちゅーたら、たくあんだけを指します。

また、「なすびは、なすびやろ〜」と思う関西人も多く、漢字変換でもなすびで茄子になりますが、関東では、なすびに失礼かと思うのですが、おしゃれに「なす」と呼ばなければいけないらしい。

ここからは、どうやら関東より関西でもっぱら親しまれているらしいものです。まず、うそやろ〜と言いたくなるのが、粕汁に土手焼き。ヒガシマルのしょうゆに、満月ポンに、鴬ボール！　ぼんち揚げは、関東の歌舞伎揚げとは味が違うし、旭ポンズや「好きやねん」もあまり知られていない（ような気がするだけ？）。しっかし、昭和9年からあり、関西人ならたいていの人が食べているはずのポールウインナーを、関東の人が知らんやなんて驚きまくりです（この衝撃に耐えかねて、84ページ以降で写真を載せて紹介することにしましたので、見てみてください）。

そして、ないと思ったら言い方が違うだけだったのが、回転焼（関東：大判焼）や、菊菜（関東：春菊）や、こいも（関東：里芋）。関西では冷麺ちゅーたら、関東でいう冷やし中華ですが、関東でいう冷麺は、韓国冷麺というパターン。きずし（関東：シ

メサバ）も、そうやし。かしわ（関東：鶏肉）、南京（関東：かぼちゃ）も、ほとんど通じないですし、関東では、豚まん（肉まん）には、からしをつける習慣がないようで、「からし付けといて」と言わないと、からしが付いてこないこともショーゲキ！

そうそう「食べさし」「飲みさし」「ぬくめて」「ぬくたい」も言わへんねんな。関東人がよく使う「しょっぱい」も、最初「そっかぁ～？」と答えてたら、どうやら「酸っぱい」の変形ではなく「塩っぱい」の変形らしく、関西とは意味が違っていました。

関西で使う「からい」は塩辛いという意味ですが、関東ではピリピリと辛いときにだけ使うようで、これまたショーゲキ。

コーヒーに入れる「フレッシュ」もなんと！　関東ではまったく通じず、ミルクと言わないと、「はあ？」という顔をされる始末。

お刺身のつまは「けん」とは言いませんし、焼き鳥のズリも、関東では「砂肝」で、関西で言う「アテ」は、関東の「酒の肴」です。

＊　＊　＊

話は変わりますが、東京で、ここのエリアで韓国料理かタイ料理に行きたいのだけど、どこかお薦めを教えて～と聞いたところで、おおーっとうなるような個人的なデータによるお気に入り店がすぐに出てこないことにも驚きました。東京はたくさんのお店であふれかえっているので、そんなに殺気だっていちいち研究しない、というスタンスなのでしょうか。旬なお店の移り変わりも早いみたいですし。

しかし、関西人は、食がらみのお店の失敗は、自分に対して許せないばかりか、同行者に対して致命傷にもなるので、場所とシチュエーションを考えて、仕事並みにデータを取り揃えているのがフツーです。突然電話しても世話焼き精神を発揮して、いろんなお店を教えてくれる人が多いもの。

「どっかええ店みつけた～?」というのが挨拶がわりにもなっているし、「おまえがうまい言うてた店行ったけど、もひとつやったやないか～。舌おかしいんちゃうかー」などと、ごはん屋さんの話をするのが、とりあえず大好きなのです。

「これが通じないなんて!?」と関西人がショックを受けている言葉の数々

関西弁辞典

あ行

【上がる、下がる】道で方向を示すとき、北に行くことを上がる、南に行くことを下がるという。
【足が早い】食物の腐敗が早いこと。
【頭切る、頭変える】髪を切る、髪型を変えること。
【アテ】酒の肴。
【あほほど】数量が多いこと。「あほほどおみやげ買うて、誰に渡すん?」
【あおたん】青あざ。
【いがむ】歪む。
【行きしな、帰りしな】行く途中、帰る途中。行きがけ、帰りがけ。他に「寝しな」。
【イキってる】調子にのってるっちゅうか、いきがってるっちゅうか。
【いけず】意地悪。
【いちびり】調子にのる。お調子者。
【いっこも】ちっとも。少しも。ひとつも。「カップルばっかで、いっこもおもんなかったわ」。
【いっちゃん】一番。
【いっちょかみ】何でも一枚かみたい人。興味津々で首をつっこみたがる人。
【いてこます】とことんやっつける。やってしまえー。痛めつけてやれ! こてんぱんにやっつける。
【いらう】触る、いじる。
【いらち】短気、せっかち、気の短い人。
【いわす】やり込める。やっつける。痛める。「腰をいわす」。
【いんじゃん】ジャンケン。ジャイケンとも言う。
【えげつない】卑劣な。ひどい。
【えづく】吐き気、おえーっていうやつ。
【えら】とっても、非常に。「えら忙し」「えら高」「えら知り」「えら込み」。
【えらい】とっても、非常に。キツい、しんどい。「えらいこっちゃ」は「大変だ～」「しまった」みたいな使い方もする。「とてもしんどかった」は、「えらいえらかったわ」。
【遠慮のかたまり】皿に盛られた料理の一つを、遠慮して最後まで誰も手をつけずに残ってる状態を言う。
【おいど】お尻。「まいどおいど」というオッサンがいるかと思えば、私は舞妓ちゃんに「おねえさん、おいども白いんどすか」と言われたことがあり、普通に使ってて驚いた!
【おかいさん】お粥。
【おかま掘られる】車で追突されること。
【おざぶ】座布団の丁寧語。座布団に「お」をつけといて、また省略して、一体どないしたいねん! 他に、おこた=お炬燵。おまん=おまんじゅう。
【押しピン】画びょう。
【おちょくる】からかう。馬鹿にする。
【おとつい】おととい。
【お腹が大きなる】満腹。経験上これは関東人に、「え?」とよく反応されるのでご注意を(女性は特に)。
【おぼこい】幼い、純真無垢な。

か行

【回生】大学○年生。「大学何年?」と聞いても「○回生です」という人多し。
【かしこ】かしこい人のこと。
【カッターシャツ】ワイシャツのこと。
【蚊に噛まれる】蚊に刺されること。「喰われる」とも言う。ちなみに夜中に両まぶたを蚊に噛まれ、目が1ミリくらいしか開かないほど腫れて、学校休んだことあり。翌日は眼帯。
【がめつい】お金にうるさい。けち。意地汚い。
【かわりべんたん】かわりばんこ。
【カンカン】缶。
【今日び】最近、このごろ。
【ぐいち】ちぐはぐ。
【くくる】束ねる、しばる。「髪の毛くくる」。
【けったくそ悪い】嫌な思いをして気分が悪い。忌々しい。
【ケツ割る】途中で投げ出す。
【ゲラ】笑いの沸点が低い人。
【こそばい】くすぐったい。
【ごつい】でかい。丈夫な。いかつい。「大変、かなり」の代わりにも使う「あの人、ごっつぅ嘘つき」。
【ごっちゃ】混ざり合う。「プライベートと仕事をごっちゃにしたら、あかんわあ」。
【ごっつぉう】ご馳走。
【こま】自転車の補助輪。こまあり(つき)、こまなし自転車。キャスターの部分。

さ行

【さかむけ】ささくれ。
【さし】定規。
【さぶいぼ】鳥肌。
【さら、さらっぴん、まっさら】新品。
【さらえる、さらう】皿にある食べ物を食べて空にする。
【三角座り】体育座り。
【じじむさい】年寄りくさい。あか抜けない。「じじむっさ～」。
【シュッとしてる】いまどきの、あか抜けた感じ。主に男性に使う表現。
【しょうみ】本当は。「しょうみ、怖がりやねん」。
【しょーも（む）ない】くだらない。おもしろくない。つまらない。「しょーもない男やなぁ～」「そこで無理したらあかんわ。そんなんでケガしたら、しょーもないやん」。
【しょぼい】貧相な。「露天風呂って、これのこと?」「しょっぼ～」。
【しらこい】しらじらしい。
【しばく】殴る蹴る叩く。
【しぶちん】ケチ。
【すかたん】まぬけ、失敗。
【酸い】酸っぱい。
【ずっこい】ずるい。
【せんない】切なさをともなう仕方ない感じ。

た行

【炊く】煮る。煮物は「炊いたん」という。「大根の炊いたん」。
【だべる】無駄話をする。「あれは、どう見てもしゃべってたというより、だべってたというのが正解やな」。たまに知人から「ダベリングしよう～」というメールがくるのだが、それで大した話ではないというのが十分伝わる。
【ダボ】馬鹿。神戸、播磨で使われる。
【たんま】タイム。「ちょうたんま～（ちょっとタイムねー）」。
【ちゃちゃいれる】水をさす。横やり。「ちゃちゃ入れるから話進まへんやん」。
【ちゃっちゃとする】さっさとする。滅茶は、めっちゃ、めっさというように、茶々とするは、ちゃっちゃと、さっさとがあるのか? 関西では、ちゃっちゃとしないと怒られるー。
【ちょろまかす】ごまかす。横領する。
【ちんちくりん】寸法が小さ過ぎる服。背の小さい人。
【ちびる】小便を漏らす、すり減る。
【ちょっきし（ちょっきり）】ぴったり、きっかり、ちょうど。
【ちょ（う）ける】ふざける。
【チリ紙】ティッシュ。「鼻紙」はもう聞かないな～。
【つかえる】詰まる、渋滞する。
【つっかけ】サンダル。
【つぶれる】ダメになる、壊れる、故障すること。「店つぶれる、会社つぶれる、冷蔵庫つぶれる、ＧＷつぶれる」。
【ツレ】友達。男性がよく使う。
【てれこ】あべこべ。逆さま。「電話が、てれこになってて、ごめんなさい」。
【てんこもり】山盛り。たくさんの意味で「休んでる場合ちゃうで。まだまだやることてんこ盛りあんでー」。
【でんする】タッチする。「仕事で行ったし沖縄は、でんして帰ってきただけや」。
【どつく】殴る。語源は「ど突く」かな? 「ど」がつく言葉は多い。どあほ。ど暗い。ど素人。「ど」はｖｅｒｙか?
【どつぼ】最低の状況。
【どべ、どべた、べった】最下位。
【どんつき】突き当たり。大阪のタクシーで東京の雑誌編集者をアテンドしてて、この言葉を使ったら「女性でも使うんだあ」と言われて、ショックを受けたことあり。
【どんならん】どうしようもない。

な行

【なおす】片付ける。
【なんしか】とにかく。
【なんなと】なんなりと、何かしら、何でも。「なんなと言うてね」「なんなと時間潰ししてるわ」。
【煮ぬき】ゆでたまご。
【ねぶる】舐める。

は行

【はしかい】むずがゆい。すばしっこい。
【ばば】大便。貧乏くじ。
【早いき】早生まれ。
【バリ】とても、めっちゃ。「バリ眠い」。
【必死のパッチ】必死なことを、なぜかこう言う。韻を踏んでいるのか?
【ぴっぴ（ぴーぴー）】下痢。
【ひらう】拾う。これ関西弁やけど、変換できるし。「タクシーを拾う」。
【へんこ】変わり者。
【ほかす】捨てる。
【ぼったくり】暴利なこと。
【ポリボックス】派出所。
【ほる（放る）】投げる、捨てる。
【ぼろかす】滅茶苦茶。
【ぼんさん】お坊さん。
【ぼんぼん】育ちのいい男子。「ぼん」とも言う。あほなぼんぼんは「あほぼん」。

ま行

【まねし】まねしんぼ。
【まんころ】一万円札。
【身ーいる】筋肉痛。
【むなくそ悪い】腹が立つ。癪に障る。
【めばちこ、めいぼ】ものもらい。
【めめくそ（めくそ）】目やに。ほんの少し。「キャビアが料理にのってたって言うても、めめくそほどやったわ」。
【メリケン粉】小麦粉。
【モータープール】駐車場、パーキング。

や行

【やから】何かにつけ文句をつけたり道理を無視した手のつけられない乱暴者。
【やんぴ】物事を途中でやめるときに言う。「や～んぴ」＝「もうや～めた」。
【ようけ】たくさん。
【よばれる（食事に）】ごちそうになる。
【よろしゅうおあがり】「ごちそうさま」に対しての言葉。

わ行

【わや】台無し、失敗、滅茶苦茶になってしまった状態。

関西弁ニュアンス考

「関西人が便利に使う言葉」

上沼恵美子が言うてたもん

【解説】

関西人は大評論家に変身する人が多く、甲子園の応援席では「おまえは監督か！」とかツッコみたくなる人が多い。女性は、芸能情報でそうなる人が多く「見たんか！」と言うくらい細かく話す人が多い。「誰と誰は付き合ってたが、別れるときにいくら払った」などと、さも知り合いのように話す。そして、「誰が言うてたん？」と聞いたとき、「上沼恵美子が言うてたもん」と言われると、なんとなーく納得する（正当化される）のである。

もらって嬉しい東西おみやげ

ここでは、東西選りすぐりのおみやげと、関東の人があまり知らない、関西で人気のグルメを紹介します。東西交流の場での話のネタにご活用ください。

その1
関東人が、もらって嬉しい関西みやげ

その2
東京にいる関西人が
“懐かし～い”と叫ぶ関西グルメ

その3
関西人に、あげて喜ばれる関東みやげ

関東人が、もらって嬉しい
関西みやげ

旬茄
泉州の水なすワイン漬け

皮も実もやわらかくみずみずしくてジューシー。関西以外のところで、「今日は水なすがあります」 と貴重な感じで言われると鼻が高い。このワイン漬けは、水なすのおいしさがうまく出ていると思う。旬茄 ☎ 0120-74-0371

料亭・花錦戸
まつのはこんぶ

すっぽんの出汁で山椒と炊き上げた塩昆布。コク深く、これがすっぽんの旨味なのかぁと味わいながら食べたい。上品なのにパンチのあるところが粋！ ごはんにのせたり、お茶漬けにしてどうぞ。花錦戸 ☎ 0120-70-4652

原了郭
黒七味

最近、黒七味を常備しているお店が増えてきたと思う。唐辛子、黒ごま、山椒の風味が独特で、七味とは全然違う味。一度差し上げると、詰め替えを買ってきてと頼まれるのも嬉しい。
原了郭☎ 075-561-2732

しののめ
じゃこ山椒

ごはんにのせていただくのはもちろんやけど、山椒が効きつつもお味は薄いほうなので、そのままでいただくのもお薦め。個人的にはバタートーストにまぶして食べるのが好き。
しののめ☎ 075-491-9359

〝くいだおれ〟という言葉があるくらい、関西はおいしいもの天国！
それが逆に、おみやげ選びを悩ませているのも事実。
そこで著者が実際に「関東の人にあげて喜ばれた、関西みやげ」を一挙公開！

551蓬莱
豚まん

どっかから漂ってくる香りだけで識別できる商品というのも珍しいよなあ。バレンタインにはハート形の豚まんも登場。香りが気になる方には、焼売、甘酢団子もお薦め。
551 蓬莱 0120-047-551

ミディ・アプレミディ
タルト十色《といろ》

ここのタルトを食べたら、よそのんは食べられへ〜ん。こんなに種類がたくさん入ってるなんて、それだけでもハッピー。あげた人のセンスは必ずアップすることを約束します！
ミディ・アプレミディ☎ 075-221-1213

いづう
鯖姿寿司

1781 年創業。どんな人が手みやげにしてはったんやろかと想像しながら自分も誰かに買いたい一品（もしくは…ついでに自分も店内で食べていきたい〜)。パッケージも風情があり京都らしい。 いづう☎ 075-561-0751

いかりスーパーマーケット
芦屋マドレーヌ

芦屋マダムご用達の「いかりスーパーマーケット」。洋菓子専門店から始まり、ずっと地元の人に愛されてきた商品だけあって、これぞ上質なお味〜！ いかりスーパーマーケット JR 大阪店☎ 06-6348-2347

東京にいる関西人が“懐かし〜い”と叫ぶ
関西グルメ

松岡製菓
満月ポン

製造者の名前にあるが、会長のお名前が「松岡力王丸」さんとはかっこええ！ 他に沖縄塩ポンせん、たこ焼き味満月ポンがある。たこ焼きを挟んで「たこせん」にして食べてもおいしい。松岡製菓☎ 06-6681-0780

植垣米菓
鶯ボール

かりんとうの中から、もち米あられが顔をのぞかせている。あまから風味が食べる手を止めさせてくれなーい。目の前になくても、鶯ボールをかむ感触が想像できるのは、関西人であーる。植垣米菓☎ 079-424-5445

北極
アイスキャンデー

ミルク、あずき、パイン、ココア、抹茶、どれも大好き。斜めにささってる割り箸の持ち手は吉野桧。食感はシャキシャキ。冬期(秋から)には回転焼きも販売する。ペンギンの焼き印が、きゃわいい〜。北極☎ 06-6641-3731

ぼんち
ぼんち揚げ

東京在住のセレブな関西人の友達に頼まれてよく買って行く。その子は、親族の結婚披露宴の後でホテルの部屋でぽりぽり食べてた。その姿を見て、変わってないなあと感動した。ぼんち☎ 06-6300-3324

東京で頑張っている関西人に、その名を告げると、または実物を見せると、思わず顔がほころび、ほわ〜んと温かい気持ちになる食べ物を集めました。関西出身者に見せれば、「懐かし〜い」と盛り上がること間違いなし！

法善寺あられ

牛せん

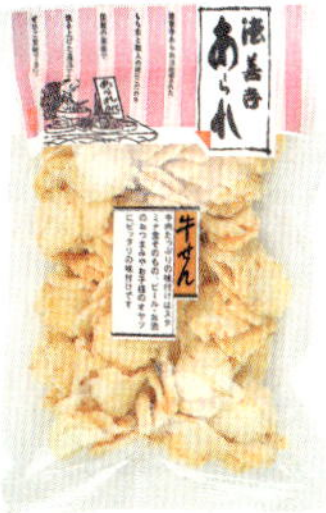

夜の街でよく出てくる、お酒にもよく合うお煎餅。牛ミンチがたっぷりと入っていて手が止まらない。私は長時間のフライト時に機内に持ち込んでチビチビ食べている。
法善寺あられ☎ 06-6245-1258

日本サンガリアベバレッジカンパニー

みっくちゅじゅーちゅ

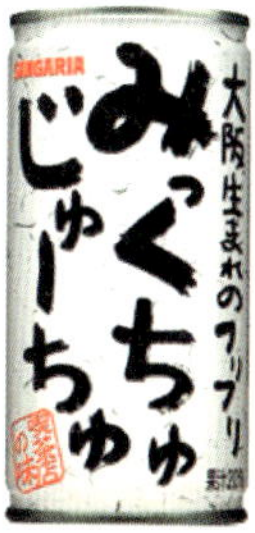

オレンジ・林檎・バナナ・パイナップル・桃の５種類で関西の喫茶店の味をリアルに再現している。売っているのを見たら買わないといけないような気分になる。日本サンガリアベバレッジカンパニー☎ 06-6702-5071

まるしげ

呼吸チョコ

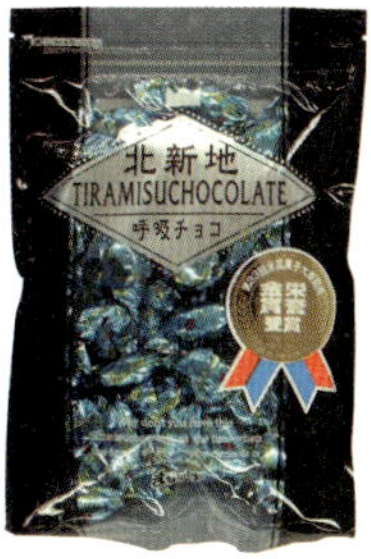

香ばしいアーモンドをマスカルポーネチーズクリームで包みココアパウダーをかけた呼吸チョコ。大阪の粋人が集う北新地で愛され続けている味で、私もこれがあると反射的に手が出てしまう。まるしげ☎ 06-6910-0115

キリンビバレッジ

FIRE ミルク珈琲（関西限定）

豆を挽いてから18時間以内に抽出した「挽きたてシリーズ」。隠し味として新たに「練乳」が入って関西人に好まれる贅沢な味わいとなっている。関西限定のFIRE、お試しあれ。
キリンビバレッジ ☎ 0120-595955

阪神百貨店
いか焼き

知人が夏に10枚買って東京に持って行ったら、なんと東京に着いても温かかったとか。いかを混ぜた生地を圧縮機でプレスするので家庭では作れない味。1日の販売枚数を聞くとビックリする。阪神百貨店☎06-6345-1201

伊藤ハム
ポールウインナー

うそー！　関西ではたいていの人が知っているはずの大定番商品なので、関東の人が知らないと聞くと疑ってしまうほど。1934年からのロングセラー。魚肉ではなくポークが入っている。伊藤ハム☎0798-66-1231

ハウス食品
好きやねん

1985年に発売された即席ラーメン。鶏ガラだしとかつおだしのうまみを効かせた、あっさり醤油味の「なにわの中華そば」。大阪市松屋町から始まった会社の人気商品。
ハウス食品 ⊡⊡ 0120-50-1231

カレーハウスCoCo壱番屋
牛すじ煮込みカレー

関西の男性が好きなメニューだが、女性にもお薦め。牛すじ煮込んだらトロトロやね。案外あっさり。こんにゃくが入っているのもいい感じ。生卵を追加すると（写真）より関西風に。壱番屋 ⊡⊡ 0120-055-188

東京と大阪で見つけた！おもしろグッズみやげ

お札の裁断片入りボールペン

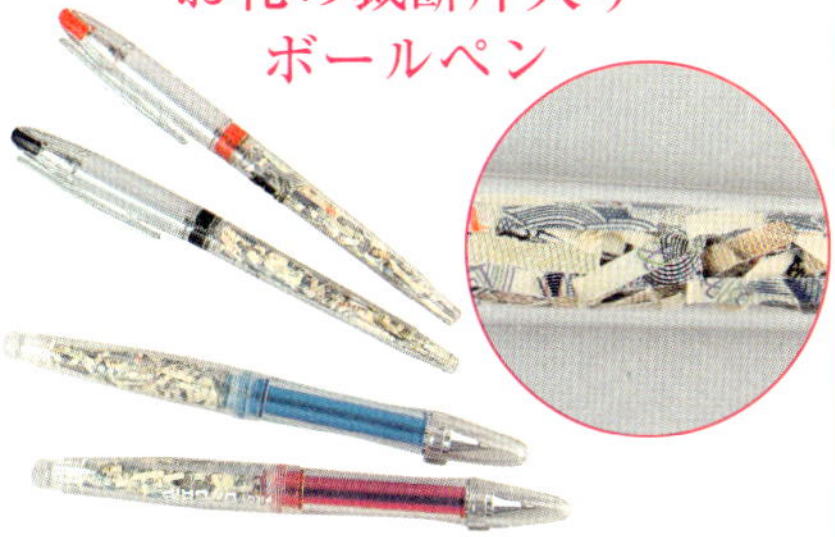

日本銀行で使えなくなったお札の裁断片を詰めて作ったペン。使ってると人気者になるし金運もアップしそう〜。大阪人に大評判。日本銀行の隣にある貨幣博物館で売っています。
ときわ総合サービス☎ 03-3270-5713

大阪とらんぷ

横浜トランプ

シンガポールトランプ

大阪のガイドブック的トランプ。新しく横浜トランプ、シンガポールトランプも仲間入り。
〈大阪とらんぷ〉 クワニー ☎ 06-4801-8166
〈横浜トランプ〉 楽クリエイティング
☎ 03-5425-6361
〈シンガポールトランプ〉 CORAZON PTE.LTD
☎ 010.65.6898.1693

日清食品

日清のどん兵衛 きつねうどん

EとWの表記があり、Eは東日本用で、かつおを基本味とした濃口醤油のうどんつゆ。Wは西日本用で昆布の割合が多い薄口醤油。食べ比べてみて自分の好きな味を再確認してみましょ！　日清食品☎ 03-3205-5252

那智黒総本舗

那智黒の黒あめ

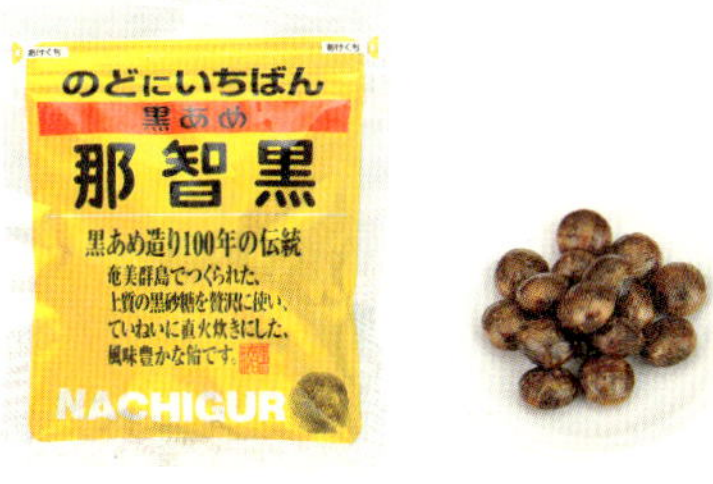

100年以上も前からある、碁石をかたどった黒飴。関西出身者で知らない人はいないはず。黒糖のまろやかな甘さがのどに優しい。本社が、捕鯨発祥の地、和歌山県太地町にあるのがシブイ！　那智黒総本舗☎ 0735-59-3900

関西人に、あげて喜ばれる

関東みやげ

味にうるさいだけでなく、質と値段のバランスも厳しくチェックする関西人には、いったいどんなおみやげが喜ばれるのか…。ここでも関西人の著者の実体験を元に、はずさない東京みやげを紹介します。

マリナ・ド・ブルボン

赤坂ブレンド

兵庫の人はよく紅茶を飲むらしいが、私もおいしい紅茶には目がない。このブレンドはベリーとシトラスフルーツがフルーティでええ香り〜。口の中に広がるお味も贅沢！ マリナ・ド・ブルボン ☏0120-573-618

豊島屋

鳩サブレー

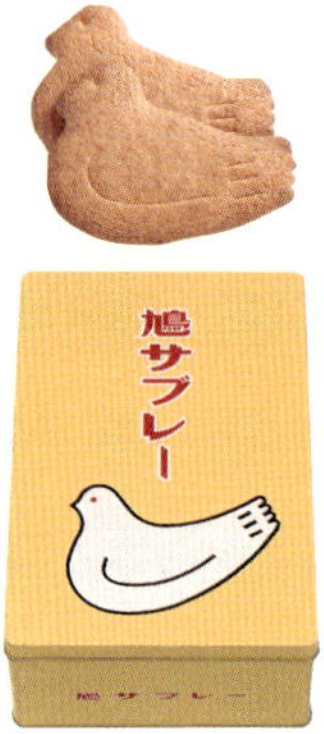

この「バターたっぷり」は幸せの味。定番だけど、鎌倉に住んでいた友達に初めてもらったときの感動もちゃーんと覚えている。缶の容器もかわいいし、もらったときのインパクトも大。豊島屋☎0467-25-0810

ショコラティエ・エリカ

マ・ボンヌ

エリカは有名だけど、ショップが白金台に1軒だけというのがいい。マシュマロとくるみが入った「マ・ボンヌ」が私は大好き。大きくて、おっ！ という喜びがある。ショコラティエ・エリカ☎03-3473-1656

東京ばな奈ワールド

東京ばな奈

東京駅でも目立って売っているし、有名なので、「気軽に買ってきた？」と思われる心配をしがちだが、はずすことなく喜ばれる。不動の人気。嫌いだという人をあまり聞いたことがない。グレープストーン☎03-3316-0354

メルヘン

サンドウィッチ

大丸東京店でいつも買って食べています。キャベツメンチがあっさりしていて好き。種類が多くて迷うが、思い切って挑戦して、やっぱりおいしい〜と、はずれがないから嬉しい。メルヘン企画☎042-668-1211

第4章
関西人とのコミュニケーション
恋愛&プライベート編

関西人とのコミュニケーション・恋愛&プライベート編1

関西の女性によく効くほめ言葉とは？

気になる関西の女性を、食事に誘った帰り道……

関西A子：関東の人ってなんか、きれいな女性多いよなあ。モデルちゃうん？ って思うような人、うじゃうじゃいてへん？

東京B男：そうかなあ。いるとこにはいるんだろうけど…。

そこで、クエスチョン！

Q1

さて、このあと東京B男は、どんなふうに話を続けるのがいいでしょうか？

関西女性と出会ったら、どうほめるか。

関西の女性の場合、ビジネスシーンでも、プライベートシーンでも、同じ関西人相手でも、男性に使う言葉は普段とちょっと変えていたりするものです。例えば、相手に気分良くなってもらおうと、あえて親しみを込めたりして、じつは気を遣っているのです。そんなけなげな女性を、一発の言葉で、喜ばせてしまおうではありませんか。そんな魔法の言葉とは…、

KANSAI POINT!

「べっぴんさん」

これで、つかみはオッケーです。

東京の人は、「おきれいですよね」というセリフをよく使います。本当にきれいな女性は、素直に「ありがとうございます」とか「いえいえ、そんな」などと、さらりと答えることができるかもしれませんが、自分のレベルは自分が一番知ってるもの。特に、自分を落とす文化の中で生きている関西女性にとっては、素直に認めてお礼を言ったり、否定しながらも本気に捉えているように思われたりするのは、美徳ではないのです。

ところが！　べっぴんさんという言葉は、猿みたいな赤ちゃんの頃から、じーさんやばーさんや近所のおばちゃんにも「べっぴんさんやなあ」と言われて育っているので、抵抗なく受け入れられます。

しかも、べっぴんの範囲は広くて、きれいともかわいいともニュアンスが違うし、女性にしか使わへん言葉ちゅうのがええのかなあ～。この言葉が出れば「ああ、私は女として魅力があんねんな。うふ」と思えてハッピーになれます。

Q１の答え

「そんなこと言うけど、Ａ子ちゃんもかなりべっぴんさんですよ」。これなら、どのレベルの女性にも使えます。この「べっぴんやなぁ」という表現は、子供にも使えるし、その子の親も喜ぶし、おばーさんに言っても喜ばれます。関西のザッツおばちゃんに言っても嫌みにはならない便利な言葉。ちょっと上品な感じもするからかな～。ちなみに雌の犬や猫にも使います～。

関西人とのコミュニケーション・恋愛&プライベート編2

上品な関西弁の女性を喜ばせるほめ言葉とは?

気になる関西女性が、語尾に「ね」を連発していたら…

関西A子:私の場合はね、映画行ったらね、絶対にポップコーン欲しくなるのよ。(いつもの関西弁の場合:私の場合な、映画行ったらな、絶対ポップコーン欲しなんねん)

東京B男:(心の声)彼女の関西弁って、語尾に「な」じゃなくて、「ね」を使うことが多いなぁ。これって、もしや…。

そこで、クエスチョン!

Q2

彼女の話を聞いていた東京B男さん。このあと彼女を喜ばせるためには、どう続けたらいいのでしょう?

関西の女性といっても、全員が全員、大声で話すような、なにわのおばちゃんではなく、上品な女性もいます。それは、語尾の「な」活用を「ね」活用にしている人。例えば、「ちょっと待ってぇなぁ~」と言うのではなく、「ちょっと待っててねー」と言う関

西女性。そんな女性に出会ったら、すかさず、このひと言を贈りましょう。

KANSAI POINT!

「雰囲気が神戸っぽいですね」

語尾を「ね」活用にしている人というのは、上品に見られたいのです。

そして、このセリフは、「きれいなお姉さんですね」「お上品ですね」と言ってるようなものですから、嬉しくない女性はいません。

逆に気をつけたいのは、その人が本当に神戸に住んでいる場合。相手から、「神戸のどこそこに住んでます」と言い出すまでは、こちらからは何もツッコまないこと。関西人は、じつは「関西」とひと括りにされるのがイヤで、神戸、大阪、京都、奈良…と、地域ごとのプライドがありますから、それをよくわかってもいない関東の人に伝えるのはおっくうなのです。

そして全体的な注意点として、「関西のどちらですか？」と尋ねるのはいいのですが、「神戸？　京都？」などと断定して聞くのはタブーです。外れると反発が大きいので、ここは、あえてあやふやに、「っぽい」止まりにしておきましょう。

ただし、「芦屋っぽい」は、本当に高級住宅地に住んでいる人以外に使うのはビミョーで、「それは言い過ぎ」感があるので、避けておいたほうが無難でしょう。

ちなみに京都の人は、「な」を頻繁に使うので大体判断できますが、別に神戸っぽいと言われても喜ばないので要注意！

Q２の答え

「ところで、○○さんて、前から思ってたんだけど、大阪というよりは、神戸っぽいですよね。学生時代は神戸ですか？」「もしかして、○○さんて、学生時代は絶対、神戸系でしょう！　すごく僕がイメージする神戸っぽい雰囲気なんですけど」と質問系にするか、自信いっぱいに言うのがいいでしょう。ただし、それ以上、学校や住所などは具体的に聞かないことです！

関西人とのコミュニケーション・恋愛＆プライベート編3

東京の男性だからこそ効く、関西の女性が喜ぶ言葉とは？

話をしている女性が、関西出身だと気づいたとき…

東京Ａ男：もしかして、関西のご出身ですか？

関西Ｂ子：そうなんです。やっぱりバレちゃいましたか…。きっと、イントネーションが違ってるんですよね？

そこで、クエスチョン！

Q3

さて、このとき、東京Ａ男はなんと答えたらいいでしょうか？

関西の女性は、男性に対しては、「それでなあ」を「それでね」に、語尾をちょっと変えたりして関西弁を操っています。東京の男性と話すときは、これに輪をかけて、ヒジョーに気を遣っています。そのため普段の自分を出しきれず、遠慮してる雰囲気にな

ってしまい、お互いの距離感が縮まっていかないときがあるのです。本当はもっと仲良くしたいのに…。そんなとき、東京の男性だからこそ効く言葉があります。それは…、

KANSAI POINT!

「関西弁の女性って、いいよね！」

これを言われると、関西の女性は気持ちがラク〜になるのです。こう言われた女性は、ますます関西弁を披露し、かわいい関西弁の女性になること間違いなし！

なぜなら、関西弁は嫌いかも？　という不安が吹き飛ぶだけでなく、自信をもって相手に接することができるようになり、ナチュラルな自分を出せるからです。

ちなみに私の場合、東京の男性と話すときは、発音はそのままでも、「それでなあ」とは言わず、「それでね」にします。ところが京都の女性は、どんなときも「それでな」で通し、語尾の「な」を「ね」にしません。私はあるときから、それもかっこいいな〜と思うようになり、関西弁が好きだという親しい東京の男性の前では、必要以上に「なあ」を連発しています。サービスの一つとして。

ただし、先ほどのセリフを言った途端に、関西の女性が下品なお笑い系の関西弁になったとしたら？　残念ながら、彼女はあなたに興味がない可能性大。もしくは照れ過ぎているのか…。その辺は、しっかり見極める目を持たんとあかんで！

Ｑ３の答え

「関西弁でしゃべられると、それだけで好きになっちゃう」と言うのもいいですが、「関西弁の女性に東京の男は憧れるんだよね。かわいい」と言って紳士的に持ち上げましょう。さらに、「東京の女性はどこかツンケンしてるんだよな」などと、関西女性にほっこり感を与えるとベスト。仕事のフィールドでは関東女性に負けてそうやもん、というのが関西女性の本音なので。

関西の男性が、絶対に喜ぶ言葉とは？

関西の男性と会って話すことがあると思います。

何かほめてさしあげたいのだけど、なんと言ったらいいのかわかりません。

そんなときは、とりあえずこう言いましょう。

KANSAI POINT!

「○○さんって、おもしろいですね！」

このセリフを聞くと、相手が気を良くするのはもちろんのこと、ますますサービス精神旺盛になり、場を盛り上げてくれるはずです（↑これを関西弁では調子ノリ、もしくは調子こきと言う）。

関西では「おもしろい」「オモロい」は、一番重要なことですから、おもしろい人が一番偉いのです。

またそういう人は憎めないので、何でも「しゃーないなー」と許してもらえることが多く、キャラで生きていけます。

シュッとしてるとは？

関西で聞く男性のほめ言葉に「シュッとしてる」というのんがあります。これは見た目があか抜けていて、すっきりとした、さわやかな雰囲気を持つ男性に対して使われます。オトコマエとも、かっこええとも、微妙に違うニュアンスなのですが、喜ぶべき言葉。幅広い年齢で使われる表現ですが、同じ「幅広い」でも、幅の広い体型の人には、かっこよくても使われません。

もう一つの使い方として、変な人でさえ「おもしろい人」と言い換えることにより、「悪口も見方を変えればおもしろいと捉えることもできる」と、前向きな解釈に変えることができます。「おもしろい」とは、じつに許容範囲の広い言葉なのです。例えば…。

ある日、仕事関係の人に携帯電話をお貸ししたら、丁寧に袖で拭いて返してくれるので、「いいですのに」と言ったら、なんと、相手はこう言いました。

「先週、忙しくて家に帰れず、昨日、1週間ぶりにお風呂に入ったら、何回洗っても、なんか見たことないような色の泡みたいなカスみたいなん浮いてましてん。ほんで今日は、なんか白い粉ふいてるんですよー。ほらあ（と見せる）。皮膚の油とれすぎたんやと思いますわ」

おいおい頼むわあ〜。その小っさいカスが残ってて、私の美しい耳に入ってきたら、どないしてくれんのよ！　と、気持ち悪くて気絶しそうになったのですが、一緒にいた女性がひと言。

「おもしろーい」

えええー！　そうくるかあ…。私はちょっと驚いたけど、こんなふうに「おもしろい」という言葉と一緒に笑ったら、相手も自分を落とした甲斐があったのか、気を良くされてたし、場も盛り上がって、めでたしめでたしとなったわけです。

ケータイ貸した私は、もちろんその後こっそりカスのチェックをしましたけどね！

関西女性を落としたい！どう口説けばうまくいく？

関東の男性が、関西の女性を口説く場合、いつものパターンで言っていいのか悩むのではないでしょうか。

確実なのは、その女性が普段接してる関西男性のいいところを取り入れて、足りないところを補う方法。つまり、しょーもないことを話しているときには、「そうなんだー」の連発で話を終わらせずに、ボケツッコミも少しは入れて、楽しい会話が続くよう心がける。口説くときは、かっこよく歯の浮くような言葉を低い声でさらりと言う。すると、関西女性は、標準語の口説き文句やまじめな会話なんて、ドラマでしか聞いたことがないので、

KANSAI POINT!

夢のようなあこがれの世界に引き込まれ、一瞬、女優になったかのように気分が良くなり、ほろっとくるのです！

実際、関西の男性は、おもろいのはええねんけど、恋愛となるとロマンチックさに欠

関東の男性がよく使うドキッとする言葉とは

関西では滅多に耳にすることがないだけに、関東で聞いてドキッとするのが「失礼」という言葉。人とすれ違いざまにぶつかりそうになったとき、関西では「すみません」とは言うものの、「失礼！」とか「ごめんなさい」という男性は少ないな～。「失礼」は、紳士っぽくて素敵。関西のおっさんは、目の前を通るときに、手のひらを縦にして、「しっつれ～い」と言いはりますが…そこがちゃうねん！　そこが！

けていたり、照れ隠しでギャグを連発してばかり、という人もいます。そういう人は、肝心なことを言葉にできず、「汲み取ってくれよ」という手荒い手段に出てくることもあって、関西女性は、いくらなんでもそれは悲しいと、残念に思っているのです。

その点、関東の男性の真剣な口説きには、いくらまわりから「口だけかもしれへんで〜」と憎まれ口をたたかれようが、関西女性は魔法にかかったかのように、ふら〜っと夢見心地になってしまうのです。

歯の浮くようなセリフといっても、関西女性にとって、そう聞こえるだけで、標準語で真剣モードで口説けばいいだけです。

また、女性を初めて誘う場合、関東の女性は、見栄っ張りだったり、プライドが高かったりで、1回は断ることが多いと聞きますが、関西の女性は、誘ってくれた相手の気持ちを大事にするので、お断りしない人が多いようです。断らないばかりか、予定が入ってる場合でも、「いつなら空いている」と自分から言う人もいるほど。ですから、気楽にお誘いしてみてはいかがでしょう。

関東ではひそんでいるタイプだけど、関西では堂々と生きるオトコとは？

関西人は、基本的におしゃべりな人が多い。しゃべりで前に出たいがために、人の話に自分の話をかぶせてきたり、負けないようにと声が大きくなったりします。早口なのも、相づちが豊富なのも、すべておしゃべりしたいという欲求から生まれたワザに違いないと思うのですが、関東と大きく異なるのは、男性のおしゃべり好きが圧倒的に多いこと！

KANSAI POINT!

私はひそかに「おばちゃんオトコ」「小マダムオトコ」と呼んでいます。

関東の男性はしないと思われる意味のない話や、くだらない話を延々とできるおばちゃんオトコと、新しいケーキ屋ができたから偵察に行ったら、なんと定休日だったとか、その店は顧客だけに限定販売をしていて、それが案外安くてお得とか、女子に交じってツバを飛ばして語れる小マダムオトコ。後者は、女子とランチしながら美容の話くらいなら余裕でできるツワモノです。これは、無駄な話はしない、おしゃべりを反美徳とす

関西人は沈黙しない？

関西と関東の違いの一つに、関西の電車の中はうるさい、大きな声でしゃべっている人が多い、というのがある。関東で大きな声で話してるのは、女子高校生あたりに限られるが、関西では、ビジネスマンだろうがおばちゃんであろうが、ぺちゃぺちゃしゃべっている。また、エレベーターの中も関西と関東でかなり違う。関東の人は沈黙し過ぎで息がつまりそぉ〜と、関西人の間ではよく話題になる。関西では知人と一緒なら小声で普通に話すでー。

る関東の男性とはまるっきり正反対の人種ですが、明らかに関西には生息しています。おばちゃんと一緒で、身振り手振りが大きく、笑ってしゃべるのが特徴。そして誰とでも友だちになれる、愛されキャラでもあります。

こうした、関西人のおばちゃんオトコ、小マダムオトコと出会ったら、「あほらしゅ～て聞いとれんわ」と話をスルーするのではなく、彼女（恋人）のおしゃべりに付き合うときのように、相づちを打って話を聞いてあげましょう。

小ダマムオトコ（以下、**男**）「ちょっと、これ食べてみてー。並ぶのが嫌いな俺がおばちゃんにまぎれてまで並んでゲットしたこのプリン」

女「すごいやーん」

男「前に並んでたおばちゃんと仲良しになってもーて、そしたらなんとそのおばちゃん、店やってる人らしくて、今度一緒に行かへん？」

女「行く行くー。しかしあんた、相変わらず仕事もせんとあほやな」

男「ほんまは、やらなあかんことあってんけどな。ま～ええやん！これ、誰々（有名人）も1週間前に買いに来てたらしいで。その前に並んでたおばちゃんが言うてた情報やから、わからんけどな」

女「笑えるう～。あんたも立派なおばちゃんやな！」

男「まあ、俺はおばちゃんやけど、そんなん言うたらプリンあげへんでぇ」

こんな会話を楽しくできるおばちゃんみたいな男性がいるので、温かい目で見て、一緒に盛り上がってあげましょう。

関西人とのコミュニケーション・恋愛&プライベート編7

親しくなった関西人に気軽なプレゼントをもらったら？

金額の多少にかかわらず、関西の異性に、気軽に何かをプレゼントされることがあると思います。しかし、それはすべてがすべて、特別な好意の表れでもなければ、大アプローチでもないと、肝に銘じておきましょう。なぜなら関西人は、気軽に飴ちゃんを配る文化があるからか、「これおいしかったし、買うてきたで」とか「これ 結構安かってん、あげるわ」などと、男女問わず、小さなプレゼントをする人が多いからです。

KANSAI POINT!

いちいち「僕（私）のこと好きなのかな？」などと、勘違いしてはいけません！

東京で働いている知人Aさん（関西女性）は、バイトの大学生の男の子をかわいがっていて、関西に帰省する度に、おみやげに関西限定のスナック菓子をあげていたそうです。するとある日、何を思ったのかその20歳の大学生に、「オレ、Aさんと付き合ってもいいっス！」と言われたのだとか。ビックリしながらも、なんで40過ぎの女性に対して上から目線やねん！　発言がちゃうやろ～と思いながら、「なんで？」と聞いたら、

関西男性に愛されるかすうどんとは？

食にうるさい関西男性は、男同士でおいしい店を開拓する人も珍しくない。最近人気だなと思うのは「かすうどん」。ところが関東の人は、なんの「かす」なのかご不明のようだ。じつはこれ、牛のホルモン（腸：テッチャン）を素揚げした油かすで、外はカリッと中はトロッとコラーゲンもたっぷり。飲んだあとにラーメンの代わりに食す人も多い。また「肉吸い」というのもあり、肉うどんから、うどんを抜いたもの。ファンも多く、これを読んでるだけで、よだれがあふれてきた人もいるはず！

「いつもプレゼントくれるし、オレのこと気に入ってくれてるのかなと思って」と言われたらしいのです。スナック菓子のおみやげごときで、まさか恋愛対象にまで発展させるとは！　そこまでの感覚が関西人にはないし、もらった相手がそれほど重きに捉えてるとは、まったく思っていないので、いただくほうももっと気軽でよろしいのではないかと思います。

以前、関東の女性に、飴ちゃんを渡されて、いらないときはどうしたらいいのか？　と質問されたこともありました。その女性は、特別なお菓子ならまだしも、飴を１個もらっても喜ばないだろうし、相手はいらないかもしれないしと思って、躊躇してあげないと言うからビックリ！　関西人にはその発想はなく、シンプルにありがたくいただくし、もらう側もそんなに気を遣わなくていいと思います。

最近、アート的にエッチな画像がライトアップされるライターを知人が自慢げに見せてくれたので、すごーいと感動してたら、「そやろ～、そう思って余分に買《こ》うてあんねや～、これあげるわ」とくれたので、「さっすが～。これはオモロいわー。みんな欲しがりません？」と言うと、そういうとき用に、１箱（１００個くらい）買ってあるとのこと。素晴らしいではありませんか。人は他人を喜ばせることでしか喜べないし、他人を幸せにすることでしか幸せにはなれへんのでっすーう！（拍手！）

別の話。友人がお母さんを横に乗せてトラックを運転していたら、目の前に急に車が止まり、60代くらいのジャージを着たオヤジが叫びながら出てきた。

「こらーっ、外に出ろ」

何事か？ と思っていると、**「ワシらの車の前をウロウロして、うっとーしいんじゃー！」**と殴りかかってきた。年齢差、体格差で余裕の友人がオヤジの腕を捕まえ、「警察呼ぶし、正座してろ」と、血の気の上がったオヤジをひとまず正座させた。すると、電話しようと思ったすきに、助手席にいたおばさんが車を発進させ、そのオヤジを乗せて走り去っていった…。

脱兎のごとく慌てて逃げたオヤジだったが、ふと見ると、去った車の跡に一足の靴が…。よく見たら、靴の中敷に、助手席にいたおばさんと2人、笑顔で写っているプリクラ写真が貼ってあるではあーりませんか！

文句はハッキリ言う。だけど、じつは悪い人ばかりじゃない。それが関西人なのであーる！

column

関西人の“オモロ”な日常

ザッツ関西人！ エピソード３

キレるおっさん

ある雨の日、知人が本屋さんで立ち読みしながら、店内をふらふらと歩き回り、何冊も本を選んでいた。すると、少し歩くたびに「チッ」と舌打ちするおじさんがいる…ような気がした。気になったので、自分が原因ではないかと確認するも、足を踏んでるわけでもなく、思い当たることは何もない。それでも何度も「チッ」と舌打ちされるので、次第にプチッときて、小声で「何か？」と尋ねてみた。すると、おじさんが突然大声で、

「さっきから、靴がキュッキュキュッキュうるさいんじゃああああー！」と叫ぶではないか。

彼女はブチンッときて、「そんなもん、勝手に鳴ってるし知らんわっ」と言うと、

「その靴のキュッキュキュッキュが頭に響いて頭痛するんじゃあああー」と。言い争いの末、「外に出ろ！」と警察がくるほどの大騒ぎになり、「靴のキュッキュが！」「キュッキュは！」とどちらもひかずだったが、最後は捨て台詞を吐きながら解散になったらしい。

自分の意見をハッキリ言う。そして納得いくまでひかない。それが関西人なのであーる！

関西弁ニュアンス考

「関西人が便利に使い分ける言葉」

よ〜ゆわんわ

【解説】


この言葉は、2つのシチュエーションで使われることが多い。

その1「そんなん私、よ〜ゆわんわ。あんた言うてよ」といった具合に、「そんなこと言えないよ」という意味で使うときに。

その2「昨日のデートの相手は、前に2度フったことのある男の人やねん」「よ〜ゆわんわ」といったように、呆れて物が言えないというときにも使われる。

第5章
関西人が教える ボケ・ツッコミ

関東人も覚えたら、会話が楽しなんでぇ〜！

関西にあって関東にないもの…。そう！　それは「ボケとツッコミ」です。しかし、このお笑い芸を彷彿とさせる言葉でしか言い表せないのがネックで、関東の人はこの言葉を聞いても、なぜ一般の人が日常生活にボケとツッコミを用いなくてはいけないの？　と、理解に苦しむようです。ではなぜ関西人がそこまで重んじ、身につけているのか？　その理由を説明しましょう。

まず、本書を作るに当たり、関西人、関東人（東京で働いてる人）にアンケート調査を行いました。すると、予測してはいたものの「これほど多いとは！」という回答が…。

Q　東京の人の「こら、あかんわ」と思うところは？（21ページ参照）

A　こっちがなんぼボケても、ツッコんでくれへん。

会話にオチがないところ。「それで」とツッコんでも話が終わってしまう。

Q　「これから関東人と会う」という場面で、まず、どんなことを思い、警戒しますか？

A　ギャグを拾ってくれるかどうかが気になる。

「せやせや！」とうなずく関西人は多いことと思います。ではなぜ、関東の人は「ボケとツッコミ」をしないのか？　関東の人に何人か聞いてみたところ、なんと！　「どういうときに、どう言ったらいいのかわからない」と答える人が多く、基本的なパターンからして知らないことに気づきました（関西人には自然なことなので、驚きです）。

そこで、会話の型がわかるように、僭越ながらこの私が今までに体験した例をもとに（ほとんど実話です）、基本中の基本型を作ってみました。今まで「自分には関係ない」と無視していた人も、ぜひポジティブに捉えて実践してみてください。案外、新しい形のコミュニケーションが生まれるかもしれませんよ！

また、私のんでは、おもんないやんけ〜！　と思われる方は、想像力を働かせて（体験をもとにするのがポイントです）、ご自分でも例文を作ってみると、エクササイズになると思います。

「ボケとツッコミ」は、瞬時にタイミングよく、臨機応変に使ってこそ生きますし、相手によって成り立つもので、その判定も、相手が笑ってくれる度合いです。目の前の相手が何か言ったら、シラケたりスルーするのではなく、反応することが一番のコミュニケーションだということをわかっていただければ、私はそれで満足です。

ツッコミは優しさで、ボケは楽しみたいという気持ちの表れです。

これを知っていただければ、もう十分。犬が尻尾を振ったら喜んでいるのがわかるように、誰かがボケはったら、「もっと楽しもうよ〜」と表現しているのと同じなんです。

さぁ、「ボケとツッコミ」を覚えれば、会話を楽しむスピリッツもわかってくるはず。そして、人生、楽しんだほうがお得です。

あんさんも思いきって、やってみなはれ〜（僭越ながら、佐治敬三さん風）。

関西人に学ぶトーク術 ツッコミ1

万能ツッコミ

「なんでやねん！」

とある居酒屋で…。

店員：いらっしゃいませー。ご注文は？

関東A男：とりあえず、フルコースとかないの？

関東B男：えっ!?
（真顔で驚いて、そのあと黙る）

場の空気：シーン。

店員：いらっしゃいませー。ご注文は？

関西A男：とりあえず、フルコースとかないの？

関西B男：なんでやねん！

Advice
使い方アドバイス

どんなボケにも対応できる。
明るくすばやく言うべし

関東人がなぜ関西人に「おもんない」と言われるか。それは「シラケた」空気を作るから！　場の雰囲気が沈んでいても平気なことが、関西人には理解できないのです。でも、それもツッコミ一つ覚えれば、かなり解消できるって知ってました？　こんなとき「なんでやねん！」は、相手のボケを生かし、相手を輝かせる万能ツッコミ。このひと言で、周囲の人を笑いの渦に巻き込めるのですから、どんどんツッコんでさしあげるべき。笑いが起きれば、ツッコまれた相手も幸せな気分になり、あなたの株も上がります。そして、普段からラテンな気分を持っていると、間合いがうまくなります。レッツトライ！

他にもある！　万能ツッコミ

ツッコミに慣れない関東の人は、まずは「ツッコむ言葉」を覚えてみてはどうでしょう？　そこで、幅広く対応できるツッコミを下に挙げてみました。頭の中にストックしておき、自在に取り出していけば次第に慣れてくると思います。ひるまず勢いよくゆうてなぁ！

- **あほか！／んな、あほな！**
- **おいっ！／おーいっ！**
- **おーっと！**
- **出たーっ！／出た！**
- **勝手に言うとき！**（「言う時」ではない。「言っておけ」の意）
- **笑かすわ！**
- **知らんっちゅーねん！**
  知らんがな！／知らんわ！

関西人に学ぶトーク術 ツッコミ2

否定形ツッコミ

「そんなわけないやろ!」

とある学校で…。

東京の先生：また遅刻か！

東京A男：いつもどおりの時間にちゃんと家を出たのですが、途中の川で河童らしき生物を偶然にも発見して…

東京の先生：何言ってるんだ。さっ、授業始めるぞ。

(ボケを拾わないので誰も笑えない。先生の評価もダウン)

関西の先生：また遅刻か！

関西A男：いつもどおりの時間にちゃんと家を出たのですが、途中の川で河童らしき生物を偶然にも発見しまして、追跡してたら遅れてしまいました！

関西の先生：そんなわけないやろ！

全生徒：わっはっはー(爆笑)

Advice
使い方アドバイス

相手のボケを否定するだけ。めっちゃ簡単！

一番簡単なツッコミです、相手が明らかにボケてるのですから、その否定形を言うだけでいいのです。関東では「相手を否定する」ことに抵抗感がある人がいるようですが、関西人との会話では、「ボケは否定するもの」という型をみんなわかっているので、相手に悪い…なんて思うのは大間違い。相手も、ツッコミをしてくれるだろうことを前提にボケてくるので、的確にツッコんであげることが喜ばれます。また上級者は、ひと言でビシッと決めずに、もう一度他人にフって、さらにボケさせてからツッコんだりもします。

他にもある！　否定形ツッコミ「おまえが言うなー」

A男：いくつになったん？　もうおばはんやな～。
B子：失礼な。自分ではまだ大丈夫やと思ってんねんけど！（怒り）
A男：せやな、肉でもなんでも腐りかけが一番美味しいもんな！
B子：おまえが言うなー！

この「おまえが言うな」というツッコミもよく使われます。憎まれ口タイプの言葉に対して有効です。下の例のように、私、ちょっと偉そうに言っちゃたかも？　と瞬時に思ったときは自分で「あははー。おまえが言うなって感じよねー」とフォローすることもできます。

A部長：この案件、説得が難しいかもなぁ。
B子：部長、何を言うてはるんですかー（上から目線で）。もうそろそろ部長も頑張らんと、遊んでばっかりってみんなに言われんのもなんやしちゃいますう～？　……（ふと部長の顔色を見て）って、おまえが言うなって感じですよね～、すみませ～ん、あはは～（笑）。

関西人に学ぶトーク術 ツッコミ3

見た目ツッコミ

「○○かと思ったわ」

相手の服装を見て…。

＊冬に着込んでいたら…。

関東A男：今日、すごい厚着じゃないすか？

＊かっちりしたスーツを着ていたら…。

関東B男：あれ？　なんか今日、随分まじめそうな服装だよね…。
（見たまんまのことを言うので、話が盛り上がらない…）

＊冬に着込んでいたら…。

関西A男：おまえどこに釣り行くねん！ 釣り名人かと思ったわ！

＊かっちりしたスーツを着ていたら…。

関西A男：昭和の新婚旅行かと思ったわ！

関西B男：保険のおばはんが入ってきたかと思ったわ！

Advice
使い方アドバイス

見て感じたことをすぐ言う！
少しだけ違う角度から言う！

見た目ツッコミは、関東では、相手が傷ついたらどないしよ～と心配になるかもしれませんが、関西人は使用頻度高し！　ウケるポイントは２つあって、１つは、その場にいる全員が思っていることをいち早く察知して言うこと。もう１つは、みんなとは違う角度から見て言うこと。例えば、ドレスアップしてきた人を、ただほめるのではなく、「舞踏会でもあるんかと思ったわ」と言えば、笑いが生まれるように。言われたほうもへこんだり怒ったりするようでは人間が小っさいで！　自分が笑いを生み出したことを誇りに思うことが肝心。そのうち免疫がつくもんです。なんか変!?　なんてことは誰にでもあるもんやし、誰かが思いきって言って笑いに変えたほうが救われるでぇ。そのうち、ツッコまれて自分でオイシイと思うようになったら、あんたも成長した証しやわぁ（どんな成長やねん！）

類似ツッコミ「見たまんまやないか！」「そのまんまやないか」

右ページの例文にある関東人のように、何のひねりもなく答える人に対して、このようにツッコんであげることで、笑いを生み出すことができます。

関西人：塩キャラメルって、どんな味やった？
関東人：う～ん、ちょっと塩味のするキャラメルって感じかな？
関西人：そのまんまやないか！

関西人：あの人のこと、どぉ思う？
関東人：体が大っきいよね。
関西人：それ、見たまんまやないかい！

先日、土佐堀川を走る遊覧船に乗ったら、こんなアナウンスを聞きました。

「左手を見てください。マルビルです。東京にも丸ビルがありますが、あちらは「丸の内ビル」を略して「丸ビル」。一方、大阪はというと……形が円柱で丸いからマルビル！　そのまんまやなぁ！　わっはっはー！」

関西人に学ぶトーク術 ツッコミ4

たとえツッコミ

「おまえは○○か！」

食事に誘われて…。

関東A子：焼き肉行くなら、生肉のあるところにして〜。

関東B男：生肉…って、なんか生々しい言い方だよね。

関東A子：今日は暑いね〜（おしぼりで顔や首を拭き始める）

関東B男：（うわぁ〜。この子オヤジみたいだよ〜）

関西A子：焼き肉行くなら、生肉のあるところにしてや〜。

関西B男：おまえはライオンか！

関西A子：今日も、あっついなぁ〜（おしぼりで顔や首を拭き始める）

関西B男：おまえはおっさんか！

Advice
使い方アドバイス

少しでも何かに似ているものを探してツッコむだけ！

相手がポロリと言った発言を、そのままスルーしてしまわず、あえて口を挟んで、「ちょっと待った〜」とツッコむ形。もしくは、気になる言葉に「なんでやねん」とツッコむ代わりに、何かに例えてみる形。ツッコみまくっているうちに、ツッコむ側も、ツッコまれる側も、それは次第に快感になってくるでぇ！　例えば、「爪長いし、キーボードは打たれへんねん」という女性に対して、「おまえはお嬢か！」、「ちゃんと昨日、お風呂入ったん？」という彼女に対して、「おまえは、うちのオカンか」など、たまに嫌みを混ぜてみたり、注意を遠回しに言ったり、ということもできる便利なツッコミです。長い話を止めたいときにも使えます。

たとえツッコミ活用術「遠回しに指摘する！」

＊悪口を止めたい。

A子：右と左の顔が違うのは、内面と外面がちゃう証拠やわ。
あの人何考えてるかわからんで！
B子：あんたは、占い師か！

真正面から言うと角が立つことを、たとえツッコミで言うと、笑いに変えられます。例えば、こそこそと悪口を言っている数人に向かって、「近所のおばはんか！」。優柔不断な後輩に向かって、「おまえは可憐な女子高生か！」。気取っている女性に向かって、「セレブか！」。

言われた方はハッとしても、明るく笑って言われる嫌みなら、同じく笑って返せるので、場の空気が凍りつきません。

関西人に学ぶトーク術　ツッコミ5

のりツッコミ

「せやな…って、なんでやねん！」

男女の会話で…。

関東A男：髭と一緒で、鼻毛も鼻毛カッターで毎朝手入れするの、大変なんだぜー。

関東B子：ちょ、ちょっと！人前で鼻毛の話とかしないでよ！

関東A男：あ、う、うん、ごめん…。（彼女に怒られ、気まずい雰囲気）

関西A男：髭と一緒で、鼻毛も鼻毛カッターで毎朝手入れせなあかんの、大変やー。

関西B子：面倒なんやったら、延ばしたらええやん？

関西A男：せやなー、いっそのことずーっと延ばしてパーマかけるか三つ編みにするか考えるわ。って、なんでやねん！　そんな伸びるかぁー！

Advice
使い方アドバイス

いったん相手のボケにのってからツッコむ。するとボケとツッコミ、どちらも味わえる

相手のボケに対して、すぐに「そんな、あほな！」と否定ツッコミを入れるだけでなく、あえて、ボケを自分でも続けてから、ツッコミを入れ、笑いを２倍にするのが「のりツッコミ」です。これは、すぐにツッコんで、楽しい悪ふざけトークを終了させするのはもったいない！　もっとふざけあっていたい！　と思うときによく使われます。これができる人は、人間的にも時間にも余裕のある証拠。また、「もっとふざけていようよ～」という、誘いのサインでもあります。頭が冴えていて、そう来るならこれも言いたいわーと思い付いたときなど、ぜひチャレンジしてみましょう（関西人なら喜びます）。

たとえツッコミ活用術「グチを笑いに変える！」

＊グチを止めたい。

A子：コンサート行ったら、女子トイレめっちゃ込んでてーん！（と、グチる）。
B男：そんなん、男子トイレ入ってしてきたら、すむことやん。
A子：確かに、確かに！　立ってする経験もできるし～、…って、なんでそんなことせなあかんねん！（笑）

グチを言いたいんだけど、ネガティブな感じにしたくないし、場の空気を暗くしたくないし…というときに、初めは軽くグチりつつも、次の返しで「のりツッコミ」にすれば、グチを笑いに変えることができます。

たとえ相手がグチに同調してきたとしても、その同調にいったんのって、のった自分をツッコむことで、笑いに変えられます。こうすることで、自分も相手も救われます。

関西人に学ぶトーク術 ボケ1

ちょいズレたことを言うボケ

コンビニで…。

店員：いらっしゃいませー。

関東B子：このコンビニ、エルメスは置いてないの？

関東A男：は？（なに恥ずかしいこと言ってんだよ！ という視線を送る）

関東B子：お弁当と一緒に、私のハートも温めて！

関東A男：（……他人のふり）

店員：いらっしゃいませー。

関西B子：このコンビニ、エルメスは置いてないのん？

関西A男：あるわけ……（ためて） ないやろ！（と、頭を軽くこづく）

関西B子：お弁当と一緒に、私のハートも温めてぇ～なぁ。

関西A男：知らんがな！

Advice
使い方アドバイス

相手が求めている態度や会話から、ちょっとだけズレたことを探して言ってみよう！

こうした「突然のボケ」をする人は、まわりにいる人にボールを投げて、笑いの機会を積極的に生産する人で、いわばリーダー的存在です。つまり、ボケられるようになれば、会話のリーダーになれるのです。ボールを投げられた人は、そのリーダーのひと言が引き立つような言葉で返すこと。たったひと言「あるわけないやろ」と決めるのがかっこよく、これが決まったときは、両者に笑いを勝ち取った快感が生まれ、ワールドカップでの最後の１点を取ったような連帯感が生まれます。これが気持ちいいのです！

こんなんもある！　「自分から言うといて、よう言うわ」とツッコまれるボケ

A子：あれぇ？　B男、さっきから景色しか撮ってへんやん！
B男：ほなら、いくでー、撮るからポーズしてやー。
A子：ちょ〜っ！　今メイクしてへんし、撮らんといてよー。
B男：自分から言うといて、よう言うわ！

これは「ちょいズレたことを言うボケ」とは異なるのですが、なんかしゃべりたい〜という気分のときなどに、関西人はこういう会話をよくします。ボケではないのですが、相手にちょっかいを出して、ツッコミを促すパターン。下の例も、相手に意見を求めているようで、じつは、ただ話しかけたいだけ…というもの。「いじり」にも似た、関西特有のコミュニケーションかもしれません。

こんなんもある！　「ほんだら聞くなー」とツッコまれるボケ

オカン：今夜、晩ごはん、何食べたい？
オトン：せやなあ、何でもええけど、寒いし、おでんとかどうや？
オカン：それもええな。でも、ま、今日はカレーにしてんけどな。
オトン：ほんだら聞くなー！

だじゃれボケ

相撲を見ながら…。

関東A子：モンゴルの相撲取りは、日本が嫌いなんだって。

関東B子：へぇ〜、そうなんだぁ〜。なんで？

関東A子：仁義の国はやってられないって。仁義好かん…ジンギスカンだけに〜。

関東B子：(ダジャレかよ〜)

関西A子：モンゴルの相撲取りは、日本が嫌いらしいで。

関西B子：なんでやねん！

関西A子：仁義の国はやっとれんねやろな。仁義好かん…って、ジンギスカンや〜。

関西B子：笑かしてくれるわ！

Advice
使い方アドバイス

発音が似てる、1字違いの言葉、同音異義語を見つけたら、すかさず言う！

ダジャレを「サムい〜」とバカにする人は多いですが、言葉遊びの基本ですから、大いに歓迎しないといけません。その絶妙なタイミングで思い付けたことに拍手してあげるべき。関西人が東京に行くと、あまりにも看板がマジメすぎて拍子抜けしますが、関西では公共の看板や広告が先頭をきってダジャレ大会です。ＡＰＥＣが開催されたときでさえ「空き缶ポイ捨てええ加減にせえ」でＡＰＥＣを覚えさせたほどですから。ダジャレは頭のトレーニング。「なんか気の利いたのん言うてみー」と言われても出ないでしょ！

類似テクニック「うまいこと言う」

＊ゴルフのラウンド中、ボールが当たらず、ゴロンゴロンと転がってばかりだったときに…。
A男：今日は、あかん。ボール転がるだけやわ。
B男：土地だけちごて（違って）、さっすがボールも転がすのも、うまいなー。（A男は不動産業）
C男：そら新地の花屋にも通うわけや。RUNランラン（蘭）言うてな。

＊離婚したB男さんを励まそうと思って…。
A子：離婚後、ダイエットなさって痩せられたんですかー。
カッコよくなられて、あとは、モテ期待ちですね。
B男：慰謝料取られて、財布もダイエットしたっちゅーねん！

ボケでもツッコミでもなく、話の流れのなかで、キーワードとなる言葉を復唱することで、言葉をうまくかけるというテクニック。爆笑を取るというよりは、頭の回転の早さを披露できるので、うまく決まれば、尊敬のまなざしを浴びること間違いなし！

自虐ボケ

胸の小さな東西のB美が、肩をたたいてフーッとため息…。

関東A子：どうしたの？

関東B美：胸が大き過ぎて、肩凝って仕方ないんだよね。

関東A子：そんなことないって！　そんなふうに自分で言ったらダメだよー（まじめに対応）。

関東B美：ははは、冗談だから気にしないで（気まずい雰囲気）。

関西A子：どないしたん？

関西B美：胸大き過ぎて、肩凝ってしゃーないねん。

関西A子：（胸を凝視してかわいくひと言）どこがやね～ん！

その場にいた人全員で：どっこがやね～ん！（一斉に）

Advice
使い方アドバイス

欠点を先に明るく言えば、相手も気を遣わなくてすむ。ボケは明るく自分から！

自虐ボケに慣れていない関東人は、「そんなこと自分で言わなくてもいいのに〜」と思うかもしれません。ところが、それが上から目線になっていることに気付いていない！　じつはこれ、自虐ボケを言われたほうが試されているのです。とっさに返す言葉が見つからないのは、本人以上にマイナスに思っているのがバレバレだということ。「そんなことないよー」とフォローするのも余計にしらじらしくなるので、困ったときは、「よく言ったー」というねぎらいの意を込めて爆笑してあげるのがよろしい。

自虐ボケの種類

＊つらい話を聞かされたときに…。
Ａ男：クリスマスに彼女にプレゼント買うててん。せやのに、俺の知らん間に、あいつ、オカンとロンドンに旅行しとぉ〜んねん！
Ｂ子：最高な彼女やなー！　きゃははは一！

＊行きたくない合コンに誘われたけど、断りたいとき…。
Ａ男：合コンかぁ〜。行きたいねんけど、子供の頃、貧乏すぎて、いまだにええもん食ったらお腹壊すねん。
Ｂ男：その体格でよ〜ゆうわ！

＊太ってる女性に…。
Ａ子：私は大盛りにするけど、どうする？（相手を気遣いながら）
Ｂ子：こう見えて、私もよぉ食べんねん。もちろん私も大盛りにさしてもらうわぁ！

明るく、相手を笑わせたい！　という気持ちマンマンで言うのがポイント。少しでも同情を買おう、みたいな気持ちがあると、このボケは成功しません！　笑われてナンボです！

エピローグ

笑って生きるのが一番！

この本を作るにあたり、多くの関西人の友人・知人に、改めて関西のことを聞きまくる日々を過ごしました。例えば、「このツッコミ言葉を使ったやりとりをしてみてー」とか、確信はしていたものの、きちんと裏を取らねば…との思いから、「えべっさんに、いつもいくらお賽銭してる～?」と、ぶしつけに聞いてみたり…。

あるときは、新地のクラブでホステスさんたちと盛り上がってしまい、手帳まで広げてリサーチを始めてしまったときには、その場にいた男性陣に申し訳なかったと反省しております。でも、逆の見方をすれば、関東と関西の違いをネタに「知ってる～?」と話題にすれば、盛り上がること間違いなし！（実証済み）

アグレッシブに生きていて、おもしろいことを見つけ出す天才たちばかりにリサーチしていたので、こちらも改めて知ることも多かったのですが、なぜか文章にするとうまく伝えられないことが多くて困りました。考えてみると関西弁って、タイミングと話し方と場の雰囲気とがうまく作用し合いながら成り立ってることが多いのです。それも、一つの発見でした。

きっと、笑いは日常の捉え方なのでしょう。一緒に行動しているだけでおもしろいことがたくさん湧いてくる人――芸人さんじゃなくても、そんな人が関西にはたくさんいます。

おもしろがって生きると、おもしろいことに敏感になり、自分でもどんどん発見できるようになり、ますますおもしろいことが増えるという好循環にもなります。この生き方、ええやおまへんかぁ～?（おっさん風発音でなく舞妓風発音でお願いします）

そうそう、なかには、気にかけてくださったのか、何かを思い出して電話をくれた人もいました。「昨日、東京行っててんけど、なんと関西との違いを見つけたで〜！　エスカレーターの立つ位置が右と左でちゃうねん」と。私はお礼を言うどころか、「ええーっ！　今頃知ったん？　うそやろ〜。基本中の基本やでー、それ」と指摘してしまいましたが…（ごめんなさい！　でも、さすがに私も、初めて知った〜とは言われへんかったわぁ）。

そんなこんなで、たくさんの方々のお陰でできた本であることは間違いありません！　お世話になった方には一人ひとりお礼を言ってまわりたいくらいです。長ーいアンケートに答えてくださった関東の方、関東在住関西出身の方、そして関西の方、ほんまにありがとうございました。頼んでもいないのに目の前で自虐ネタを披露してくれた方や、ボケ始めてくれた方々もありがたかったです。個人的にも、ずーっと心の中で、関東の人と関西の人では微妙に違うと感じてたことや、どっちもまねしたいところ、気をつけたいところなどを整理してお伝えすることができて、すっきりしました。これが、何かのお役に立てれば嬉しいです。

今回、私のまわりでは確かなことなのですが、広い目で見るとかなり勝手なマーケティング&独断&偏見になっていて、ビンゴでない人もいるかと予測します。でも、それはそれで、あれこれと心の中で「ツッコミ」を入れて読んでいただけたら、本望です。

もしどこかでお会いすることがあったら、直接ツッコミも大歓迎です！

平成20年10月吉日

千秋育子
せんしゅう・やすこ

大阪府出身。イラストレーター。独自のタッチと色彩感覚で描かれるイラスト、書道七段の腕を生かしたカリグラフィー、鋭い視点で語るエッセーなど幅広く活躍。JR大崎駅に直結する「Think Park」内ショップの壁画とロゴデザイン、ユーミンのコンサートグッズ、ガルーダ・インドネシア航空のポスター、ヤクルトのアート自動販売機、横浜トランプ、大阪とらんぷのイラスト、東京メトロのフリーマガジン「メトロポリターナ」では連載エッセイを手がけるなど、多彩な才能の持ち主。型にはまらないスタイルで東京と大阪を軽快に行き来しながら仕事をしている。「大阪生まれだが、東京が好きだった…」と語る彼女が、関東の良さも、関西の良さもよくわかったうえで、「誰でも最初は違いにとまどうもの。どちらの文化にも深く入り込んだことのある私が、"違いと誤解と良さ"を先にお伝えすることで、関東人と関西人がもっと深い付き合いをしたいと思うようになる、そのきっかけとなれば」と願って書かれたのが本書である。

ホームページ　http://www.sensyuyasuko.com

STAFF

装丁・本文デザイン　BUFFALO.GYM

イラスト　千秋育子

編集　鈴木久子（ケイ・ライターズクラブ）

企画　楠本麻里

商売&交渉じょうずな関西人のヒミツ、丸わかり！

関西人の取扱説明書

2008年10月15日　初版発行

著　者　千秋育子

発行人　木口靖夫

編集人　井上祐彦

発行所　辰巳出版株式会社

〒160－0022 東京都新宿区新宿2丁目15番14号 辰巳ビル

TEL　03－5360－8064（販売部）

03－3352－8944（編集部）

URL　http://www.TG-NET.co.jp

印刷・製本　大日本印刷株式会社

ISBN978-4-7778-0580-8